障がいのある子との
遊びサポートブック

**達人の技から学ぶ
楽しいコミュニケーション**

藤野 博 …編著

奥田健次
藤本禮子
太田一貴
林 琦慧
……………著

学苑社

はじめに

　編者はコミュニケーションやことばの発達に困難を抱える子どもたちの支援方法について研究しています。いまは大学で仕事をしていますが、以前は病院で言語聴覚士として働いていました。言語臨床が自分の専門です。臨床家としての自分の腕の評価はできませんが、自分よりも腕のたつ臨床家かどうかはだいたいわかります。そして、自分はとてもかなわないなぁと日頃感じている臨床家を何人か知っています。そのような臨床の達人と編者が考えている先生方にお願いし執筆していただきました。

　この本の執筆をお願いした先生方は、応用行動分析学者、音楽療法士、言語聴覚士など専門的な立場は様々です。ですが、ひとつだけ共通していることがあります。それは共著者の奥田先生、藤本先生、太田先生、林先生のいずれもがコミュニケーション障害の発達臨床のプロであるだけでなく"遊びの達人"であることです。子どもと遊ぶ技についてこの4人の先生が名人級であることは、担当された章を読むだけでもその一端がお分かりいただけると思います。

　臨床の理論や実践事例、指導法などについて書かれた本はたくさんありますが、特に子どもの発達臨床の場合、マニュアル通りにやってもうまくいかないことが多いのではないでしょうか。編者もそうでした。いまを遡ること20数年前に大人の失語症患者さんの臨床からこの世界に入った編者は、新しい職場で子どもの発達臨床にかかわることになった当初、あまりのギャップに戸惑いを禁じえませんでした。当たり前のことなのですが、子どもの場合、必ずしもこちらのプラン通りに訓練メニューが進んでいかないからです。そしてこちらのペースで訓練メニューをこなそうとすればするほど、子どもたちの表情はどんどんつまらなそうになっていきます。訓練が終わってからアンパンマンやドラえもんなどのキャラクターを子どもたちのリクエストに応え、ご褒美として描いてあげたりしました。子どもたちは、喜んで帰っていましたが、何か違うなぁと不完全燃焼感が残りました。指導の中身そのものに子どもを惹きつける力がなければだめだと思ったのです。何が足りないのかというと、臨床家の心の余裕も含めたいろんな意味での"遊び"が足りなかったのですね。遊びが子どもの発達に本質的なところでかかわっ

ていることは、それまでも理論としては知っていましたが、臨床的にもとても重要であることを身にしみて感じました。

　では、どう遊びを取り入れたらよいか？　子どもを対象としている臨床家なら誰でも遊びの大切さはわかっていると思いますが、どうやったら楽しく遊べるか、そして楽しく遊ぶだけでなく、どのようにしたら遊びながら子どもの力を伸ばせるか。そのことに難しさを感じている方は少なくないのではないでしょうか。そして、そのあたりのコツについてわかりやすく、すぐに実践で使える本を探そうとしてもあまりたくさんは見つかりません。本書のターゲットはそこにあります。発達に遅れのある子どものコミュニケーションやことばの力を、遊びの中で伸ばすための考え方をわかりやすく説明し、すぐに使える具体的な方法を紹介することです。

　本書はお母さんや一般の保育園・幼稚園の先生方など日々子どもにかかわっている臨床の専門家ではない方々を主な読者として想定していますが、子どもと遊ぶことに難しさを感じている、あるいは指導の中にどのように遊びの要素を取り入れたらよいかよくわからず困っている方や臨床家・教師をめざす学生さんにも読んでほしいと思います。きっとヒントが見つかるでしょう。

　"技"とはそもそもことばだけで完全に伝えることができない類のものです。実践のエッセンスはことばで表現できることを超えたところにあるからです。打撃の達人が書いた本を読み、その通りに実行したとしても、だれでもすぐにホームランが打てるわけではありません。しかし、どこに向かって何をしたらよいかの大まかな指針は得られるでしょう。ことばは現実そのものではなく現実を模した地図のようなものです。地図に必要なことは正確さとわかりやすさです。この本はわかりやすい地図を目指しました。道に迷って困っているお母さんはこの地図を参照し、まずはゴールと自分の位置を確認し、ゴールに向かって歩いてみてください。ゴールに近づいていることはわかっても途中でまた道に迷ったり、自分一人ではそれ以上先に行けなかったりすることもあるでしょう。そんなときは道をよく知っている人に助けてもらってください。それは発達臨床の専門家です。

　この本が子どもたちのコミュニケーションやことばの力を育てるための役に立つこと、そして何よりも子どもたちの笑顔が広がり、お母さんたちの笑顔が広がっていくことを心から願っています。

藤野　博

読み方ガイド

　この本は発達に遅れや偏りのある子どもたちのコミュニケーションやことばの力を遊びの中で伸ばすための考え方と具体的な方法について、専門家でない人たちにもわかりやすく解説し、すぐに実践できるようサポートすることを目的として書かれています。読者として主に想定しているのは親や保育者など子どもと日常的にかかわる方々ですが、臨床家や教師をめざして勉強している学生さんや、子どもと遊ぶことに難しさを感じている臨床家の皆さんにも役立つ部分があるだろうと思います。

　以下に各章について簡単な紹介をします。1章から6章までこの順番通りに読む必要はありません。関心や必要に応じてお読みください。

第1章　遊びの中での発達支援　　　　　　　　　　　　　　　　9ページ
　遊びの中でコミュニケーションとことばを育てる考え方と方法について概説しています。全体のイントロダクションです。本章と2章・3章で書かれている支援法のもとになっている発達理論や太字で示した専門用語の意味について知りたい方は6章をお読みください。

第2章　お母さんのための「遊び保健室」　　　　　　　　　　　　27ページ
　子どもとうまく遊べずに困っているお母さんにすぐに役立つ章です。どんな場合にどう遊んだらいいかわからない。どう遊べば子どもの育ちにつながるのかわからない。そんなときに使えるアイデアをたくさん紹介しています。困ったときにはまずこの章を。

第3章　遊びの発達にそって　　　　　　　　　　　　　　　　　47ページ
　遊びによる発達支援の具体的な方法についてもっと詳しく知りたい方は2章に続き、さらにこの章をお読みください。自由な遊びの中でコミュニケーションとことばの発達を促進するインリアル・アプローチの立場から書かれています。

第4章　応用行動分析学（ABA）による遊びの支援　　　　　　　93ページ
　学びのメカニズムを説明する有力な心理学理論のひとつである応用行動分析学の立場から遊びの中での発達支援法について説明しています。子どもに対する自分のかかわり方をチェックし、より良いものにするために役立ちます。

第5章　音楽療法による遊びの支援　　　　　　　　　　　　　117ページ
　音楽は発達支援の中でよく使われます。どんな子でもそれぞれのレベルで楽しめることが音楽の強みです。この章ではどんな音楽を使ってどのように子どもたちとかかわるか、それがどのような発達の促進につながるかについて音楽療法の立場から説明しています。

第6章　子どもの発達と遊び　　　　　　　　　　　　　　　　137ページ
　3歳頃までの子どもの認知・コミュニケーション・ことばの発達についてできるだけ難しい用語を使わないよう心がけながら解説しました。本書で紹介しているさまざまな支援方法の発達心理学的な根拠を示しています。

■ 目 次 ■

はじめに 1
読み方ガイド 3

第1章　遊びの中での発達支援　藤野　博 9

1　遊びの中でことばを育てる 9
(1) ことばの学びと遊び 9
(2) 子どもの遊びをみる視点 11
(3) 遊びの中での発達支援の考え方 12
　1) 何を目標にするか 12
　2) 物を使った遊びから 13
　3) 人とかかわる遊びから 14

2　遊びの中での発達支援の方法 15
(1) 子どもが楽しめる遊びを把握する 15
(2) 子どもの興味に大人が合わせる 15
(3) コミュニケーションの機会を作る 16
　1) 子どもが「要求」する機会を作る 16
　2) 子どもとの「やりとり」を試みる 17
　3) 子どもから「コメント」を引き出す 18

3　遊びの中でことばを教える 19
(1) 遊びとことばの学び 19
(2) 遊びの中でことばを教えるテクニック 20

4　障がいのタイプに応じた配慮や工夫 22
(1) 自閉症 22
　1) 繰り返しの意味を考える 22
　2) 得意な遊びと不得意な遊びを把握する 22
　3) コミュニケーションの見本を示すときの工夫 23
　4) コミュニケーションを目で見て分かるようにする 23
　5) ロボットにコミュニケーションを学ぶ 24
(2) 脳性麻痺 25

第2章　お母さんのための「遊び保健室」　林　琦慧 27

うまく遊べない状態から、とにかく脱出するためのノウハウ 29
お母さんの悩み タイプA　遊びの不一致
子どもと遊ぼうと努力しているのに、ぶつかってしまう。いつも子どもに反発されてばかりで、子どもと一緒に楽しく遊べない…… 30
お母さんの悩み タイプA'　遊びの不一致
子どもは、いつも同じ遊びをワンパターンで行なっている。大人側はこう遊ぶべきと思っているが、子どもが受け入れないので、あきらめてしまう…… 33

お母さんの悩み **タイプB** 遊びが不明確
　　子どもにいろいろな遊びを提案するが、遊びがなかなか続かない。子どもからの手応えを感じられない…… 36
お母さんの悩み **タイプC** 遊びが未整理
　　子どもに合わせて遊ぼうとするが、子どもは制限なく、あるだけのおもちゃを出したり、お母さんに強く遊び方を指図する。子どもに振り回される一方で疲れる…… 39
お母さんの悩み **タイプD** 遊びの経験不足
　　子どもにこれといって楽しめる遊びがなく、大人もどうして遊ばせればよいかわからない。子どもと一緒に遊んでいる場面があまりない…… 42

第3章　遊びの発達にそって　太田　一貴　47

1　遊びで見る　47
（1）遊びで見る子どもの発達　47
（2）遊びの評価と指導　48
（3）子どもを見る目　48
（4）子どもの遊びに見る発達　49
（5）遊びの選択のためのプレ評価（ことばを育てる遊びの選択）　50

2　コミュニケーションの評価──発達的視点で見る　51
（1）コミュニケーションとことば　51
（2）ことばの発達のプレ評価　52

3　遊びによる指導　54
（1）遊びのコツ──発達にそって遊ぶ　54
（2）かかわりの基本原則　54
（3）障がい児の遊びの特徴　54

4　遊びの具体編　56
（1）「遊びの実践」の見方　56
（2）先生方へ　56

5　遊びの実践　57
（1）かかわって遊ぶこと（かかわり遊び〜やりとり遊びへ）　57
　　1）人による受容的な感覚遊び　57
　　2）かかわり遊び　57
　　3）かかわって遊ぶために（かかわり遊びの指導）　57
　　　❶感覚遊び　58
　　4）物を使わないフォーマット遊び　61
　　　❸手遊び・体遊び（物を使わないフォーマット遊び）　61
（2）物を使って遊ぶこと（もて遊び〜フォーマット遊びへ）　65
　　1）もて遊ぶこと（物の物理的な感覚を楽しむ）　65
　　2）物を使うフォーマット遊び　65
　　3）物を一つはさんで遊ぶために（物を使うフォーマット遊び）　65
　　　❺物を使うフォーマット遊び　65
（3）ふりをする遊び（象徴遊びの始まり）　75
　　1）ままごとの始まり　75
　　2）道具の用途にそった本来の使い方（機能的使用と機能的関連操作）　75
　　3）ままごとの中の繰り返し（単一行為連鎖）　75
　　4）誰がやるの？（自己対象、他者対象そして受動的他者）　75

   5）ままごとでかかわって遊ぶために（フォーマットのままごと） ………………… 75
     ⑥象徴遊び ……………………………………………………………………… 76
   6）模倣と芽生え …………………………………………………………………… 79
 （4）スクリプトのままごと ……………………………………………………………… 80
   1）連鎖のもつ意味（構成） ……………………………………………………… 80
   2）計画的連鎖 ……………………………………………………………………… 80
     ⑥象徴遊び ……………………………………………………………………… 80
 （5）スクリプトのふり遊び（日常からトピックへ） ………………………………… 83
   1）日常経験の再現 ………………………………………………………………… 83
   2）お医者さんごっこ・お買い物ごっこ・先生ごっこ ………………………… 83
     ⑥象徴遊び ……………………………………………………………………… 83
 （6）ごっこ遊びからルールのある遊びへ ……………………………………………… 87
   1）ごっこ遊び（ストーリー性を持ち始めること） …………………………… 87
   2）ごっこ遊び・ふり遊びの楽しさ ……………………………………………… 87
   3）ごっこ遊び・「つもり」の伝え合い（セリフとト書き発話） …………… 88
 （7）ルールのある遊び …………………………………………………………………… 88
   1）ごっこ遊びとルール遊び ……………………………………………………… 88
   2）ゲームへの誘い（負けるが勝ち） …………………………………………… 89
   3）「遊びだ」というサイン ……………………………………………………… 89
   4）プライドの学校 ………………………………………………………………… 90

第4章　応用行動分析学（ABA）による遊びの支援　奥田　健次 …… 93

1　最適な遊びを創り出す大人になるために …………………………………………… 93

2　『教えること』ができても、『遊ぶこと』ができない ……………………………… 93

3　自閉症児のAちゃん …………………………………………………………………… 95

4　行動分析を使って遊びの相互作用を組み立てよう ………………………………… 96
 （1）行動の原理 …………………………………………………………………………… 96
 （2）困った行動も強化されます ………………………………………………………… 99
 （3）対処方法について ………………………………………………………………… 100

5　自閉症児の遊び ……………………………………………………………………… 101
 （1）子どもにとっての遊びとは ……………………………………………………… 101
 （2）「物を使った遊び」を止めさせないで ………………………………………… 103

6　子どもとの関係を見直すこと ……………………………………………………… 106
 （1）保護者による指導 ── 好子が見つからない!? ……………………………… 106
 （2）『勉強したら遊び』から『遊びの中に勉強を』へ …………………………… 107

7　さらなるコミュニケーション支援方法 …………………………………………… 109
 （1）要求場面を利用する ……………………………………………………………… 109
 （2）消去抵抗を利用する ……………………………………………………………… 111

8　おわりに ……………………………………………………………………………… 114

第5章　音楽療法による遊びの支援　藤本　禮子 ……………… 117

1　「好きなこと、できること」が遊びの始まり ……………… 117

2　どんな遊びがあるのでしょう？ ……………… 119
- （1）歌うこと ── 大人が歌いかけて、子どもが歌い返す歌 ……………… 121
  - 1）1語だけの歌、声を出す歌「ゆったりバージョン」と「いそがしバージョン」 …121
  - 2）返事をしたり、フレーズごとに交替で歌う歌 ……………… 122
- （2）楽器を鳴らすこと ……………… 124
  - 1）楽器について ── どんな楽器があるでしょう？ ……………… 124
  - 2）楽器を使った遊び ……………… 127
- （3）動くこと・ゲームをすること ……………… 132
  - 1）動いて（歩いて・走って）ストップ・交替 ……………… 132
  - 2）ゲーム ……………… 133

3　音楽の力を遊びに活かす ……………… 136

第6章　子どもの発達と遊び　藤野　博 ……………… 137

1　なぜ遊びが大切なのか？ ……………… 137
- （1）遊びと勉強 ……………… 137
- （2）遊びとは何か？ ……………… 138
- （3）ことばの学びとその土台 ……………… 138

2　認知とコミュニケーションの発達 ……………… 141
- （1）発達を進める原理 ── 遊びと模倣 ……………… 141
- （2）認知の発達 ……………… 142
  - 1）感覚運動的活動 ── 物をもて遊ぶ感覚を楽しむ ……………… 142
  - 2）象徴機能 ── イメージを想い描き表現する ……………… 145
- （3）コミュニケーションの発達 ……………… 149
  - 1）情動の調律 ── 気持ちのチューニング ……………… 149
  - 2）意図的コミュニケーション ── 相手を意識して伝えること ……………… 149
  - 3）共同注意 ── 話題を分かち合うこと ……………… 151

3　コミュニケーションとことばの学び ……………… 153
- （1）大人からの手助けと学び ……………… 153
  - 1）発達の最近接領域 ── 一歩先をいくモデルから学ぶ ……………… 153
  - 2）足場づくり ── 大人からのほど好い手助け ……………… 154
  - 3）マザリーズ ── 子どもにわかりやすいことばがけ ……………… 155
- （2）大人とともに遊んで学ぶコミュニケーションとことば ……………… 156
  - 1）フォーマット ── パターンが繰り返される遊び ……………… 156
  - 2）スクリプト ── 筋書きのある遊び ……………… 157

あとがき ……………… 161

著者紹介 ……………… 163

装丁：大野　敏／装丁イラスト：山上　泉
本文イラスト：山上　泉（第1章・第2章・第3章・第6章）、山本喜美代（第4章）、橘川　琢（第5章）／本文デザイン：プリントハウス

第1章 遊びの中での発達支援

藤野　博

1　遊びの中でことばを育てる

(1) ことばの学びと遊び

　子どもはことばをどのようにして学んでいるのでしょうか。これからことばの世界に入っていく子どもたちは、それを机に座って勉強して学んでいるわけではありません。子どものことばの力は特別に訓練しなくても、毎日の生活の中で自然な人とのかかわりを通して伸びていきます。しかし、発達に遅れや偏りのある子どもたちの場合、ただ待っていたのではなかなかことばが出てこなかったり、うまく育っていかなかったりすることがあります。1歳半過ぎても最初のことばが出てこなければ、お母さんはちょっと遅いかなと思うかもしれません。3歳過ぎてもあまりことばが出てこないと心配になり、どこかに相談しなきゃと思うことでしょう。たくさんお喋りをする同じ年齢の子どもたちを見れば、なおさら気になってしまうでしょう。

　同じ年頃の子どもたちが、ごく普通にやっていることをわが子ができなければ、何とかしなくてはと思うのは当然の親心です。子どもにことばを教えなくてはと焦り、何とかことばを言わせようとあれこれ頑張るでしょう。そして、いつの間にか「お勉強モード」になってしまっていることがよくあります。子どもにことばのシャワーを浴びせ「さあ言ってごらん」という感じで一方的に指示したり、子どもが正しく言えなかったときには「そうじゃないでしょ。もう一度言って！」などと言い直させたりする場面が多くなります。そんなときのお母さんの状態は、子どもとのコミュニケーションを楽しむ余裕はなく、笑顔は消え真剣でちょっと怖い顔になっているかもしれません。とても楽しそうとはいえない雰囲気です。

　お母さんがそんなふうに一生懸命教えると、子どもはそれなりにことばを覚えるかもしれません。でも、そうやって教えられたことばは覚えたとしてもそれ以上に拡がっていかなかったり、自発的に使えなかったりすることがよくあるようです。自分から吸収

し"身につく"という形になかなかなりにくいのです。試験のためだけの一夜漬けの勉強で、覚えたことは試験が過ぎるとさっぱり忘れてしまうのと似ています。楽しくないことを無理にさせられているときというのは、たいていそんなものではないでしょうか。

　ことばに遅れのある子どもたちの指導法にはいろいろなスタイルがあります。絵カードなどを見せながら単語や文を言って聞かせ、それを復唱させて教えるような言語訓練は一般の人々が思い描く「ことばの指導」のイメージに最も近いかもしれません。しかし、ことばがまだ芽生えていない、あるいは芽生えたばかりの子どもたちには、そのような教え込み型のやり方よりも、ことばが芽生え育つための土台作りをすることがまず重要というのが、今日のことばの発達支援の基本的な考え方です。そして、そのような土台として大事なものが**認知**（物事を理解する力）と**コミュニケーション**（人とかかわる力）です。認知とコミュニケーションは相互にかかわりあいながら発達し、ことばにつながっていきます（**図1-1**）。

　認知やコミュニケーションのような基本的な力は子ども自身の自発的な動機に基づく能動的な活動の中で高められていきます。テスト勉強ならともかく、生活の中で実際に使われる力は子ども自身がその気にならないと身につきません。そして、発達の初期段階にある子どもたちに理屈は通用しません。「大きくなったら大事なんだから、ちゃんと勉強してね」などと言って聞かせてもその気にはなってくれないでしょう。幼い子どもたちがその気になるためには、物や活動などに惹きつけられ、思わずやってみたくなるような場面を演出することが必要です。そして遊びの中では、子どもたちが楽しみながら自発的に人とかかわり、ことばの育ちにつながる認知やコミュニケーションの力を伸ばしていけるきっかけをたくさん作ることができます。

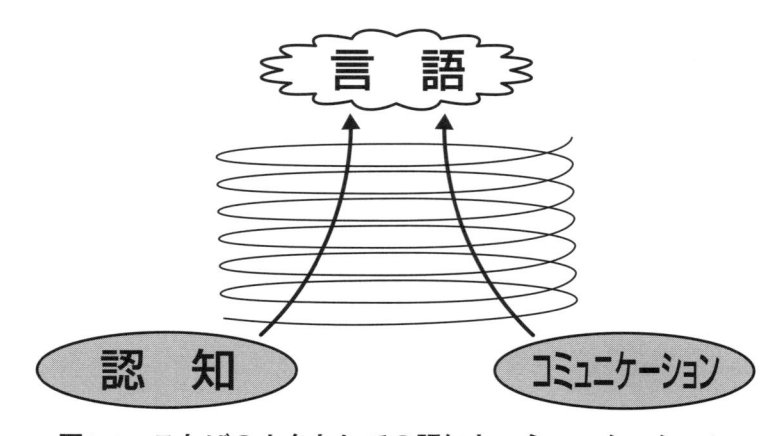

図1-1　ことばの土台としての認知とコミュニケーション

では、楽しく遊べたらそれだけでOKなのでしょうか。いえ、楽しく遊べるだけではまだ十分ではありません。いくら楽しくとも、自分ができることだけをやっていたのでは成長はありません。いまの自分を越えて先に進むためには、自分よりも先を行っている人たちを見習い、そこから学ぶ必要があります。「まなび」ということばは「まねび」から来ているそうです。自分がまだできないことを、あんなふうにやってみたいなあと憧れの眼差しで見上げる気持ちが「まねび」、すなわち模倣の原動力になります。もちろんそこに魅力がなければ子どもたちはやってみたいという気持ちになれないでしょう。**遊び**と**模倣**がうまくかみあったときに子どもたちに真の学びが生まれるのです。

子どもが自発的に何かを学ぶ機会を作るために必要なことをまとめておきましょう。ポイントになるのは次の2点です。

①子どもが思わずやってみたくなる興味を引く場面を作ること
②子どもがまねしてみたくなる魅力ある見本を示すこと

(2) 子どもの遊びをみる視点

では、子どもたちが思わずやってみたくなるような興味を引く遊びの場面は、どのように作ったらよいのでしょうか。これはそれほど簡単ではないかもしれません。遊びを遊びにするものは"遊び心"の中にあるのであって形の中にはないからです。つまり、これさえやっておけばどんな子でも楽しく遊べるという万能のアイテムはないということなのです。逆に、一見どんなつまらなさそうなことでも遊びになることがあります。子どもは大人がつまらないと思うことを遊びにしてしまう天才です。

大人は子どもの遊びを画一化したイメージで考えがちです。子ども用のおもちゃを与えさえすれば遊びになるかというとそんなことはありません。あるおもちゃで楽しく遊べる子どももいれば、全く興味を示さない子どももいます。また、同じおもちゃで遊んでいても楽しみ方が違うこともあるでしょう。例えばブロックを使った遊びにもいろいろな楽しみ方があります。ブロックをひたすら高く積んでいくことを楽しむ子もいれば、形を組み立てて楽しむ子もいます。また、ブロックを車に見立てて遊ぶことを楽しむ子もいます。

子どもにとって何が遊びになるかは二つの視点から考えることができます（図1-2）。一

つは子どもの**発達段階**です。**象徴機能**がまだ十分育っていない子どもはふり**遊び**や見立て**遊び**を楽しめません。ブロックを積むことを**感覚運動的**なレベルで楽しんでいる子どもに、車ごっこをさせようとしてもその子にとっての遊びにはなりません。何でそれをするのか意味がわからないまま、無理やり勉強させられるのと同じようなことになってしまうでしょう。しかし、家を建てるつもりでブロックを積むような遊びをしているなら、その子には車ごっこが楽しめる準備が整っていると考えられます。そのような点で、子どもが楽しめ意味のある遊びにするためには、認知が発達する筋道を知っている必要があるのです。

　もう一つの視点は**強さ弱さ**や**好き嫌い**などのそれぞれの子どもの特性や好みです。物とかかわることを好み、人とかかわるのが苦手な子どもがいます。人とかかわるのが苦手な子どもに人とのやりとりを楽しむ活動をさせようとしても、それはその子にとっては遊びにはならないでしょう。やはり、勉強を押し付けられるのと同じことになってしまいます。その子が本当に楽しめる遊びを選ぶためには発達のレベルだけでなく強さ弱さや好き嫌いなどの子どもの特性や好みも知っておく必要があります。

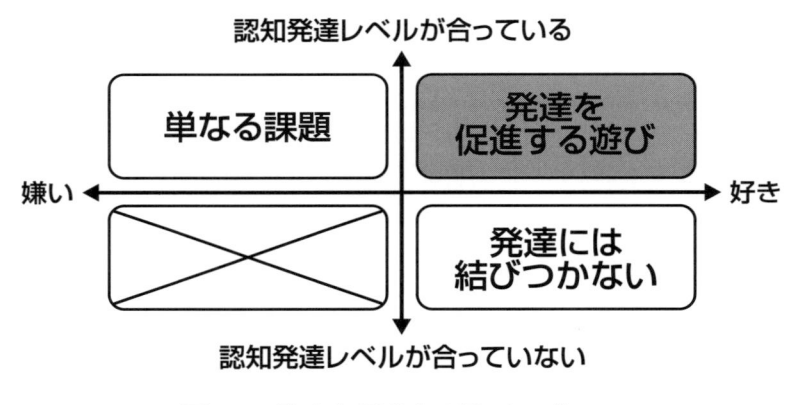

図1-2　発達を促進する遊びのゾーン

（3）遊びの中での発達支援の考え方

1）何を目標にするか

　ことばが育つためには認知とコミュニケーションの力が、バランスよく育っていくことが大切です。人とのかかわりが苦手で物で遊ぶことが好きな子どもたちも、一人で遊びながら自分なりに試行錯誤して何かができるようになることがあるでしょう。自分で学べることは大切です。しかし、一人で黙々と物で遊んでいるだけではコミュニケーションの力は伸びていきません。そして人を通して学ぶ機会がなければ、認知の成長もあ

るところで頭打ちになり偏ったものになってしまいます。私たちは自分より先を行く人から学ぶことで世界を拡げています。また、人とかかわることは好きでも認知の力が伸びていかなければことばの力は身につきません。ことばはコミュニケーションのための道具であり、道具をうまく操れるかどうかは認知の力によるからです。

　認知とコミュニケーションの力に発達的な偏りがありバランスが取れていないときには、発達に遅れのある側面の力を伸ばすことが課題となり、それが発達支援の目標となります。認知に比べコミュニケーションの力が弱い子どもの場合には人とかかわる力を育てることを目指します。反対に、人にかかわることはできても認知の力が弱い子どもの場合、認知の力を育てることを目指します。そしていずれの場合でも、その子のもつ強さや好きなことを足場にして課題となっている側面の力を伸ばすことを考えます。

2）物を使った遊びから
　物で遊ぶことが好きな子どもの場合、まずどのような物を使って、どういう遊びをしているかをよく観察してみましょう。物をいじったり動かしたりして感覚を楽しむような遊びでしょうか、ブロック遊びやパズルのような組み立て遊びでしょうか、それとも人形やミニチュアを使ったふり遊びのようなイメージを描く遊びでしょうか。
　子どもが物で遊ぶことを好むならば、その物をきっかけにしてコミュニケーションの機会を作ることができるでしょう。例えば子どもが自分では動かせないゼンマイ仕掛けのおもちゃのような物を子どもの目の前で動かして見せれば、また動かして欲しいと大人に要求するきっかけが作れます。ブロックなどで一人遊びをしているときには、これから積もうとしていたブロックを子どもに気づかれないようそっと隠してしまったらどうでしょう。「あれ？」という表情で子どもはブロックを探すでしょう。そこで、子どもの手が届かないところでブロックをチラッと見せてみます。子どもはブロックを取ろうとして手を伸ばすでしょう。それは子どもが相手に何かを要求する方法を学ぶ機会になります。
　また、子どもがミニカーなどの物で楽しそうに遊んでいる横で子どもの楽しさを一緒に感じながら「クルマ　ハシッテルネ！　ハヤイハヤイ！」などのように共感的にことばをかけることで、物の名前（クルマ：名詞）、動き（ハシッテル：動詞）、様子（ハヤイ：形容詞）など場面に合ったことばの使い方を教えることができます。子どもが興味をもって従事している活動に寄り添いながら発せられたことばは吸収されやすいのです。

ミニチュアのおもちゃなどを使ったふり遊びを子どもが一人でしているときに、大人がそこにさりげなく入り込んでみることもできます。子どもが思い描いているフィクションの世界の中に登場人物の一人として参入するわけです。子どもの遊びに合わせながら、子どもが自分からしていないことをさりげなくしてみます。すると子どもはそれを自分でもしてみたくなります。子どもはちょっと背伸びすることが大好きです。子どもがちょっと背伸びすればできるようなことを、大人がさりげなくやってみせることがコツです。そのようなお手本を通して物のイメージや概念を拡げることは、認知の力を高めることにつながる経験になります。

３）人とかかわる遊びから
　人とのかかわりが好きな子どもの場合には**フォーマット遊び**が使えます。これは大人と子どもとが相互にやりとりをし合う遊びのことです。一定のパターンを繰り返す遊びなのですが、同じパターンの繰り返しには一つの利点があります。それはこれから何が起こるかが子どもに予測しやすくなるという点です。子どもは次に起こることを期待して待つようになります。そのような状況はコミュニケーションの仕方を学習するよい機会になります。
　例えば手遊び歌です。子どもが楽しんでいた手遊びの途中で大人が歌と動作を突然止めます。子どもは待っていたことが起こらず、乗っていた気持ちの流れが妨げられ心地悪い状態になります。子どもは流れを再びスタートさせ、期待している楽しいエンディングに向かいたいと思います。そのような遊びを再開させたいという期待の眼差しで、子どもが大人の目をチラッと見たとします。そこですかさず歌と手振りを再スタートします。そうすると、目で合図を送れば望んでいることを大人がしてくれることに、子どもは気づくかもしれません。
　このようなフォーマット遊びの中では、**因果関係**（相手の目を見ると歌が始まる）の理解が促され、さらに**手段－目的関係**（歌を始めるためには相手の目を見ればいい）の理解へと子どもの認知の水準を高め、意図的なコミュニケーションの段階へと発達を進める機会を作ることができます。
　また、決まったパターンを繰り返す遊びを続けていく中で、大人がいつもと少し違ったやり方で子どもに返すような反応をしてあげるのもよいでしょう。同じパターンを何度も繰り返していると新鮮味が薄れてきますが、そこに子どもが予想していなかった反応をいたずらっぽく返すことで、新たな興味や期待を生み出すことができます。そのよ

うなバリエーションを時々加えると、今度は何をやってくれるんだろう、と子どもは大人の出方をワクワクして待つようになるでしょう。これは、〈A→B〉といういつも同じパターンの出来事の展開の予測から、〈A→B/C/D…〉といういまだ経験していないことも含めた複数の可能性を想像するような、さらに高い認知の段階へと歩みを進める機会になるかもしれません。

遊びの中でことばの発達支援のポイントについて整理しておきましょう。大切なことは次の3点です。

① 子どもがどんな遊びができるか、好むかをよく把握すること
② 認知とコミュニケーションの力をバランスよく伸ばしていくこと
③ 強さや好きなことを土台として課題となる力を伸ばすこと

2　遊びの中での発達支援の方法

(1) 子どもが楽しめる遊びを把握する

子どものふだんの遊びの様子を観察したり、親から遊びの様子を聞いたりして子どもの好きな物や活動を調べておきます。子どもの好きな物を探る際には、大人の視点からでなく、子どもの視点に立って考えることが大切です。子どもがあるおもちゃを特に好んでいることがわかったとします。そのときに子どもはそのおもちゃ本来の使い方で遊ぶことよりも、そのおもちゃの色や光沢、感触、あるいは動かしたときに出てくるちょっとした音などに関心を向けているのかもしれません。

遊びとは、子どもが自分にとっての楽しさを自由に味わう活動です。楽しみ方は十人十色。大人の一方的な思い込みによって遊びを押しつけることにならないよう、一人ひとりの子どもの視点に立って、何を楽しむことができるかを考える姿勢が大切です。

(2) 子どもの興味に大人が合わせる

まずは、子どもが自由にやっている遊びに大人が合わせ、子どもの興味を向けている物や活動に寄り添っていきましょう。子どものしていることに共感的にかかわっていくことが大事です。子どもが注意を向けているものに大人がチューニングしていきます。人と人とが注意を合わせることを**共同注意**といいますが、そのような共同注意の機会を

作ることを考えながらかかわります。

　大人と子どもの注意が共有される状況は、ことばの学習に重要な役割を果たすことが近年多くの研究から明らかになってきています。大人と子どもの注意が共感的に融けあう中で、大人の"意味"の世界が子どもにしみ込んでいきます。しかし、**典型的な発達をしている子どもは自分からどんどん大人の方に歩み寄り注意を合わせていくことができますが、発達に遅れのある子どもの場合、そう簡単ではありません。その分、大人から子どもに合わせていくことが必要となります。大人からの歩み寄りがとても大切です。大人は子どもが向けている興味に対する感度を高めることが求められるのです。

(3) コミュニケーションの機会を作る

1）子どもが「要求」する機会を作る

　コミュニケーションの仕方を教える場合、子どもが最初に学びやすいのは「要求」です。それは、目的（あれが欲しい）→行動（これをする）→結果（あれが手に入る）というコミュニケーションの過程が分かりやすいからです。遊びの中で子どもから大人に要求する機会を作るために、よく使われるテクニックを次にいくつか紹介します。

・子どもが一人では遊べないおもちゃを使う

　子どもにとって魅力的だけれど、子どもが自分一人では操作できないようなおもちゃを使って遊びます。例えば、ゼンマイ仕掛のおもちゃです。これはネジを巻かないと動きませんし、ネジが巻けなければ子どもは遊べません。また風船をふくらますことは、子どもにとって簡単にできない遊びです。いずれの遊びも楽しむためには大人の手助けが必要です。そのようなおもちゃを大人が動かしたりして遊んでみます。そしておもちゃが動かなくなったらそのままにしておいて子どもの様子をみます。子どもがそのおもちゃを動かして遊びたいと思うなら、子どもから大人に動かしてほしいことを要求するチャンスが作れるでしょう。

・遊びの流れを止める

　手遊び歌など最初と最後があって一連の展開を楽しむ遊びをしているときに、途中で突然歌と動きを止めてしまいます。子どもは「あれ？」と不審に思うでしょう。そして、それをまた始めてもらうために訴えようとします。このような状況も要求の仕方を学ぶ機会として利用できます。

2）子どもとの「やりとり」を試みる
・ミラリング：子どものしていることをまねする

　子どもと相互にやりとりする機会を作り出すためには、子どものやっていることや発した音・ことばをそのまままねすることが効果的です。このようなテクニックを**ミラリング**といいます（音声をまねすることは「モニタリング」ということもあります）。子どもにまねさせるのでなく、大人の方が子どものまねをするのです。ミラリングは、コミュニケーション行為がもつ力を子どもに気づかせる有効な手段です。

　自分の行為が相手を動かせる、と気づくことは、意図的コミュニケーションが成り立つための最初の一歩です。それに最も気づかせやすいのは、大人が子どものしていることをそっくりそのままねることです。子どもは大人が自分と同じようにしたり言ったりするのを見聞きし、「あれ？　自分が動くと相手も同じように動くぞ」と自分の行為が相手に影響を与えていることに気づきます。そして「じゃ、次はこうしたら相手はこう動くかな」と予測し、相手を動かすことを目的とした行為をするようになります。

　また、自分と同じことを相手がしてくれることによって相手と気持ちの共鳴が起こり、相手にかかわってみたいという動機も高まります。そのように、認知とコミュニケーションの面でミラリングは大きな効果があります。

3）子どもから「コメント」を引き出す

　遊びの中で子どもからコメントを引き出す、つまり経験したことや感じたことなどを子どもが表現したくなる機会を作る方法を紹介します。コツを最初に述べると、まず十分"繰り返す"こと、そして突然"外す"ことです。これを「反復と逸脱」のテクニックとでも呼んでおきましょう。繰り返しの中で子どもは起こることを予測できるようになります。そしていつものことがいつものように起こることを予想している場面で、予想していることとはわざと違ったことをするわけです。いつもと違う出来事が突然現れたときの"揺らぎ"の感覚は新鮮さと面白さを生み出します。このような反復と逸脱のテクニックは次のように実行できます。

・いつもと違うことをわざとしてみたり失敗してみたりする

　同じパターンが繰り返される活動の中で、いつもと違うおかしなことをしたり、わざと失敗したりする大人の行動は「へんなの〜！」「おかしい〜！」「……してるよ〜！」といったコメントを子どもから引き出しやすくさせます。子どもたちはいつもと違うおかしな出来事に対してコメントすることが好きで、それを誰かに伝えたくなります。このような場面を演出すると、皆で面白さを伝え合い、話題を分かち合いたいというコミュニケーションの動機を高めることができます。

・タイミングが重要

　しかし、反復と逸脱のテクニックは子どもの様子をうかがいながら行なわないと効果はありません。機械的にやっても面白くなく、タイミングつまり間が重要です。子ども

の注意が引き付けられ期待が高まっていくクライマックス・シーンで、わざといたずらっぽく外すことがポイントです。お笑い芸人のようにボケをかませれば大成功でしょう。漫才が面白いのは、そこで予想を裏切るボケが見られるからです。芸人が出してくるものが観客の想定内のネタなら面白くはありません。観客の想像力の上をいくボケが出せるかどうかがウケるかどうかの分かれ目になります。芸人と観客との駆け引きです。子どもとのやりとりを盛り上げるための必要な条件についても同じことがいえるでしょう。

　予測できることを基本としながら、そこに予測できないことを時々混ぜることで遊びにスパイスが加わり活性化します。自分の予想通りに物事が進むのは心地よいことですが、同じパターンがいつまでも続くとやがて飽きてしまいます。そして、パターンが不意に崩されるときに活気や興奮が生まれます。

　日常生活場面で想定外のことが起こると人は不安になることがありますが、遊びの中では楽しさにつながります。遊びの中で起こる出来事は、現実のリスクを伴わず安全だからです。そのように気持ちに余裕のある場面で、意外なことを起こすことが一つのポイントです。それは子どもの興味を引き付け、想像力を掻き立て、人と分かち合い一緒に楽しみたくなる話題を作り出すきっかけになります。

3　遊びの中でことばを教える

(1) 遊びとことばの学び

　コミュニケーションが起こりやすくなる状況を作り、子どもと一緒に遊び、さらに遊びを盛り上げただけでは、ことばの発達を高めるにはまだ十分ではありません。子どもは大人とともに遊ぶ中でことばの使い方を学ぶ必要があります。では、遊びの中でお勉強的にではなく、自然とことばを教えるにはどのようにしたらよいのでしょうか。

　子どもはことばとその使い方を実際のコミュニケーション場面で大人のことばや行動を手本にしながら学びます。ことばの意味や使い方の学習は大人と子どもの間で興味や関心が共有されている場面でなされます。共同注意の機会を作ることが重要です。そのためには子どもの遊びに寄り添いながら、子ども自身が興味や注意を向けている物や活動に関係することばを見本として与えることが効果的です。

　子どもが興味をもった活動に合わせてことばを発した場合、そのことばの意味はより深く理解されるでしょう。大人は子どもが遊びの中でしていることを簡単なことばで言

ってみたり、子どもが言ったことを拡げて言ってみたりすることができます。子ども自身によって意味が与えられた文脈の中で、ことばの見本を示すわけです。次にその具体的な方法を説明します。

(2) 遊びの中でことばを教えるテクニック

・パラレルトーク：子どもの興味の焦点に合わせことばを発する
　　　　　　　　（子どもの考えや気持ちをことばにする）

　子どもがそのときに興味を向けている物事に対し、それをことばで表現して示します。子どもの注意の焦点に大人が合わせていく点で、共同注意の働きを活用する方法といえます。子ども自身の気持ちを大人が代弁することで、ことばの表現の仕方が分かり、表現することへの意欲も高まります。

　　子ども：（ボールを投げている）
　　大　人：ボール　ポーン！

・セルフトーク：大人の興味の焦点に合わせことばを発する
　　　　　　　　（大人の考えや気持ちをことばにする）

　大人がそのときに従事している活動をことばで表現します。ある行為に注目させ、その表現の仕方の見本を示す方法です。ただしその際、大人と子どもとが一緒に遊び、楽しさを共有している状況でないと子どもの注意を引きつけることはできないでしょう。パラレルトークと同様に、これもまた共同注意を利用する方法といえます。

　　大　人：（ボールを投げながら）ボール　ポーン！

・エキスパンション：子どものことばを拡げて返す

　子どもの発話の内容と構造を拡げて返します。これは子どもの現在のことばのレベルの一歩先の見本を示す足場づくりです。子どもは自分ができることよりももう少し先にある背伸びしなければできないことに憧れをもち、やってみたいと思うものです。エキスパンションはそのような背伸びをして、ちょっと難しいことをやってみたいと思う子どもの気持ちに応える方法といえるでしょう。

子ども：（クルマのおもちゃを走らせながら）ぶっぶー
　　大　人：ぶっぶー　はしってるねー

・リキャスト：さりげなく正しく言い直して返す
　子どもが言ったことばが不正確だったときに、それを正確な表現に直して子どもに返すことをリキャストといいます。これは子ども自身の発言の意味を保ったまま、より適切な表現の仕方を教える方法です。子どもの表現と大人の表現の違いを浮き上がらせることによって、子どもの注意を学ぶべきことばの側面に向けることができます。
　例えば、過去形の表現の仕方を教えたいとします。子どもが前に見た飛行機を思い出して「ひこーき　とんでる」と言ったときに、大人は「ひこーきが　とんでたね」と正しい表現に直して返します。このときのポイントは「とんでるじゃなくってとんでた、だよ。さあ言ってごらん」というふうに否定的に返したり正しい言い方に言い直させたりしないことです。子どもが「とんでる」といったら、「そうだね、とんでたね」と子どもの伝えたいことはくみ取り肯定しながらも、さりげなく正しい表現に直して返します。そうすることで、子どもは否定されたという失敗感をもたず、伝えたいことが理解してもらえたという満足感の中で正しい言い方も学ぶことができます。

　以上の方法は、いずれも子どもの興味に寄り添いながら子どもが伝えようとしていることの表現の仕方を自然に教える方法です。自分が言いたいことのモデルをその場で示してもらえることは、実際に使えることばの学習を促進します。私たちが英語を学ぶ場面を考えるとわかりやすいでしょう。学校で自分の興味のないことを題材にした文を暗記しても英会話はなかなかできるようになりません。しかし、例えばアメリカで生活し、必要に迫られて片言の英語で話していると、周囲の人たちが言いたいことを理解してくれながら正しい言い方をさりげなく言ってくれます。そこで「あ、こういう場合はこういうふうに言えばいいんだ！」と気づきが生まれます。そうしているうちにいつの間にか自然な英語表現が身についていくでしょう。
　このように大人（熟達者）と子ども（初心者）が活動を共にする中で、大人から自然にことばの見本が示され、子どもがそこから学ぶことは日常のコミュニケーション場面ではごく当たり前に行なわれていることなのです。しかし、ことばの遅れのある子どもたちにはこういった自然な方法はいつの間にか使われなくなり、訓練的な教え込み型のかかわりが多くなってしまうようです。自然な方法ではすぐに目に見えた効果が

現れにくいため、何とかすぐにことばを出したいとの強い思いから訓練的なかかわりになっていくのでしょう。しかし、そのような訓練的なかかわりは、子どもがコミュニケーションで実際に使えることばを学ぶための方法としてベストとはいえないようです。特に発達初期の子どもの場合、自然なアプローチのほうが効果的と考えられています。発達に遅れのない子どもたちに対して、あまり意識せずに行なっている自然なアプローチを、発達に遅れのある子どもの場合には、よりはっきりと意識して行なう必要があるといえます。

4　障がいのタイプに応じた配慮や工夫

　障がいのタイプによっては特別な配慮が必要なことがあります。自閉症の子どもと脳性麻痺の子どもについて配慮したり工夫したりすべき点について説明します。

(1) 自閉症
1) 繰り返しの意味を考える
　遊びは、繰り返されるパターンを突然揺さぶることで、面白さが生まれるということと、その遊びのテクニックについて先に書きました。しかし、自閉症の子どもの場合は、同じパターンの繰り返しの中で気持ちを落ち着かせていることがあります。そういう場合には決まったパターンが不意に壊されたり、いつもと違ったことが起こったりすることに我慢できず、とても動揺することがありますので注意が必要です。気持ちに余裕がある中での遊びの繰り返しなのか気持ちの安定のために必要な繰り返しなのか、子どもにとって「反復」の意味を考えることが必要です。同じパターンの繰り返しが気持ちの安定のために必要であるなら、それをいきなり奪う人は自分を脅かす危険な存在になるでしょう。そういう人と一緒に落ち着いて楽しく遊ぶことはできません。

2) 得意な遊びと不得意な遊びを把握する
　自閉症の子どもたちは、他の人と一緒に想像の世界を分かち合い拡げながら遊ぶことがあまり得意ではありません。型はめパズルのように何をするかが目に見えてわかる遊びや、トランポリンのように全身を使った感覚運動遊びは好きなことが多いのですが、人形を使ったままごと遊びや見立て遊びはどちらかといえばあまり好みません。ふりやごっこのように目に見えない世界を人と共有し、同じイメージを描きながら遊ぶような

遊びは自閉症の子どもたちを不安にさせてしまうことがあります。それは、相手がしようとしていることの意味がわからず見通しがもてないからです。目に見えない大人の"つもり"に無理に合わさせようとせず、やることとそのゴールを具体的に目に見えるようにすることが、自閉症の子どもたちが安心して楽しく遊ぶためには必要です。

3）コミュニケーションの見本を示すときの工夫

　コミュニケーションやことばの見本を示す際に、自閉症の子どもたちには特別な配慮が必要な場合があります。子どもにコミュニケーションを指導する場面で、大人はよく一人二役をします。子どもの伝えたいことを受け取る相手と子どもに伝える方法を教える人の二役です。子どもが大人の手元にある物を手に入れようとする場面を考えてみましょう。子どもは大人に向かって手を伸ばします。大人は子どもが「それちょうだい」ということを伝えたいことに気づきます。そこで大人は「ちょうだい」などとそこで子どもが言うべきことばの見本を示します。この場面で「ちょうだい」を言うのは子どもの役で、大人はそれに応えて「はい、どうぞ」と言う役回りのはずです。大人は一人二役をするときに、何の合図もなしにコミュニケーションの相手役から教示役に役割を変えてしまっています。

　そのように、一人の人が状況に応じて立場を変える場合があることを理解することも自閉症の子どもたちは苦手です。「立場」もまた目に見えないものだからです。子どもの伝えたいことを受け取る相手になる人と子どもに伝え方を教える人の一人二役をすると、自閉症の子どもたちは混乱することがあるのです。そのような場合、コミュニケーションの相手とコミュニケーションの仕方を教える人との役割分担をした方がわかりやすくなります。例えば、教示役の人は子どもが欲しそうにしているときに「ちょうだい」と横でささやき見本を示す役割に徹します。そして、コミュニケーション相手になる人もその役割に徹します。そのように、自分がコミュニケーションをする相手が誰かを常に明確にしておくことは、自閉症の子どもたちが混乱せずにコミュニケーションの仕方を学習するために大切なことです。

4）コミュニケーションを目で見て分かるようにする

　自閉症の子どもの場合、コミュニケーションの力に比べ認知の力の方が高いことが多いので認知の力を活用することができます。例えば、好きな物をめぐって子どもとかかわる場面を作ります。その子の好きな物が描かれた絵カードを相手に手渡すとそれがもらえる

ような物々交換の場面を作ると、子どもにとってわかりやすい形で要求を伝える力を身につける機会が作れます。絵カードが相手に渡るとその物がもらえるという状況は、目に見えないコミュニケーションの過程を視覚的な認知の力を通して学ぶことを助けます。

5）ロボットにコミュニケーションを学ぶ

　これはどんな子どもにも当てはまることかもしれませんが、自閉症の子どもたちの場合には特に"押し付けがましくない"アプローチをするべきです。グイグイ迫っていくコミュニケーションの押し売りはとても苦手だからです。むしろロボットみたいに無機質なほどのあっさりしたかかわりが心地良かったりします。イギリスでは自閉症のロボット・セラピーなどという研究プロジェクト（AuRoRAプロジェクト：http://www.aurora-project.com/）が現実に進められ、成果も報告されています。それは、ロボットは動きが予測しやすく余計なことを一切しないので、自閉症の子どもでも動きに見通しをもて、安心してつきあえるという考え方に基づいています。日本でも同様の研究がなされつつあります。

　ロボット・セラピーには専用のロボットが必要ですが、そのようなロボットはたいへん高価ですし誰でも入手できるものではありません。しかし、ロボットを使わなくても、それに近いことはできるでしょう。人間がロボットになってみるのです（4章をお読みください）。ロボットになるなんて非人間的！そんなことをして人間的なコミュニケーションが教えられるとは到底思えない、という意見もあるかもしれません。でも自閉症の子どもにとっては、動きが予測しやすいロボットとのかかわりの方が安心でき楽しく遊べることがあるようです。

さて、ロボットごっこはどのようにできるでしょうか。例えば、大人がモノマネ・ロボットになってみます。子どもがすることをそっくりまねるのです。それ以外のことはしません。先に紹介したミラリングをする機械になりきるわけです。子どもは面白がって人間ロボットを動かそうとします。子どもはいろんなポーズを取ってロボットを動かそうとするでしょう。しばらくそうやって遊んでいるうちにロボットは突然動作を停止します。子どもが何をしても反応しなくしてしまうのです。子どもは「あれ、おかしいな？」と感じ、大人を動かそうといままでやっていたことをさらにオーバーにやるかもしれません。それでも動きません。そこで、近くにいる別の大人が「動け！」と命令します。そこで動きます。すると子どもは人間ロボットに何かをさせるために「動け！」と言うことを学習するかもしれません。

自閉症の子どもたちにとって、ほど好いコミュニケーションのスタイルや人との距離感というものがあります。それを尊重することが大切です。

(2) 脳性麻痺

脳性麻痺の子どもたちは運動に大きな困難を抱えています。そのため、認知の発達に**必要な感覚運動的**な経験をたくさん積むことが容易ではありません。自分の行為の結果を自分の目で見て、耳で聞いて、触って確かめることが認知の発達には大切ですが、運動障がいがあるとそれが難しくなります。

スイッチで動くおもちゃはこの問題をある程度解決してくれます。少しの力でスイッチが入れられるボタンやレバーなどで動くおもちゃです。電池で動くおもちゃの場合、そのような操作のしやすいスイッチを電気店などで調達できる部品で取り付けることも

できます。体のどこかに自由に動かせる部分があったら、その動きでスイッチを入れます。自分の行為が外の世界に変化を起こした、ということを経験することが大切なのです。これは**因果関係の理解**や**手段と目的の関係の理解**につながり、**意図的なコミュニケーションの発達**を促進します。

　運動障がいのある子どもたちには、このようなちょっとしたテクノロジーが遊びの助けになります。「マジカルトイボックス」という、障がいのある子のためのテクノロジーを使った支援ツールを開発しているグループがありますが、障がいのある子どもたちにとってテクノロジーはその名の通り"魔法のおもちゃ箱"になるのです。

【参考文献】
◇ボンディ, A.・フロスト, L.　園山繁樹・竹内康二訳（2006）自閉症児と絵カードでコミュニケーション―PECSとAAC―．二瓶社．
◇バーンスタイン, D. K.・ティーガーマン, E. 編著　池弘子・内山千鶴子・緒方明子訳（2000）子どもの言語とコミュニケーションの指導．東信堂．
◇Bishop, D. V. M., & Leonard, L. B.(Eds.) (2000) Speech and Language Impairments in Children. Psychology Press.
◇ダイヤー, K・ルース, S. C.　三田地真実訳（2004）実際に使えるコミュニケーション・スキルの指導．学苑社．
◇マジカルトイボックス編（2007）障がいのある子の力を生かすスイッチ製作とおもちゃの改造入門．明治図書．
◇McCormick, L., Loeb, D. F., & Schiefelbusch, R. L. (2003) Supporting Children with Communication Difficulties in Inclusive Setting（2nd ed.）．Allyn and Bacon.
◇長崎勤・宮崎真・佐竹真次・関戸英紀編著（1998）スクリプトによるコミュニケーション指導．川島書店．
◇大井学・大井佳子編（2004）子どもと話す．ナカニシヤ出版．
◇リッチマン, S.　井上雅彦・奥田健次監訳　テーラー幸恵訳（2003）自閉症へのABA入門―親と教師のためのガイド―．東京書籍．
◇竹田契一・里見恵子編著（1994）インリアル・アプローチ．日本文化科学社．
◇渡部信一編著（2004a）自閉症児の育て方．ミネルヴァ書房．
◇渡部信一編著（2004b）21世紀テクノロジー社会の障害児教育．学苑社．

第2章 お母さんのための「遊び保健室」

林　琦慧

　私は、ことばや発達がゆっくりのお子さんの発達を促進するために、いろいろな遊びを通して子どもたちとかかわってきました。お母さん方とも家庭でお子さんとどのように接して、どのように遊びを工夫するかについて話し合ってきました。またお母さん方が、かかわりや遊びについて悩んでいることについて、助言をさせていただきました。様々な相談機関で相談する経験を通して、お母さん方はお子さんの発達を援助するのには「子どもと遊ぶことが大切である」ことはよくわかっていました。けれども「子どもとうまく遊べない」「楽しく遊ぼうと思っても、なかなかのってこない」「遊びが、なぜかぎくしゃくしてしまう」という遊びにまつわる「具体的にどうすればよいのか」という悩みが多く聞かれました。子どもは一人ひとりもちろん違うのですが、お母さん方の話には共通する部分があることがわかってきました。

　発達がゆっくりのお子さんは、各側面の発達がアンバランスだったり、興味が極端に偏ったりすることがあります。また、注意集中する時間が短かったり、感覚の調整がうまくできず遊具を受けつけにくかったりします。ただ普通にかかわるだけでは、なかなか楽しく遊べないことが多いのです。時には、大人が楽しいと思ったことが、実は、子どもには非常に苦手なことだったりします。結果的に、子どもが拒否的な態度をとったり、一人遊びを好んだりします。お母さん方が、子どものためにと思ってやったことが、なかなか子どもに届かず、心を痛めている姿をたくさん見てきました。

　いったい子どもはどういう状況にあるのか、子どものためにどうしたらいいのか、わからなくなって立ち止まっている、こんな状況にあるお母さんとお子さんに、この章では、とりあえずこの状況から抜け出して、より良い方向を見つけられるようにするための応急措置を紹介します。つまり、「うまく遊べない状態からとにかく脱出するためのノウハウ」について解説します。

　いろいろなタイプのお母さんがいらっしゃいます。子どもも性格や発達の特徴の違いでいろいろなタイプがいます。「一緒にうまく遊べない」と言っても、親子のそれぞれ

の組み合わせによって、とりかかりのポイントが違います。

　本章では、四つのタイプに分けて五つの典型的な事例を挙げて解説しています。まず、「タイプ分けのフローチャート図（29ページ）」を用いて、現在のお子さんとの遊びの状況を確認して、その中からどのタイプがより近いかを選びます。まずは、「応急解決策」と「さらに、ワンポイント！」を参考にして、遊ぶようにして見てください。それによって、お子さんの状況や特徴がより見えてくるようになるのではないかと思います。それから、3章「遊びの発達にそって」に進んでいただき、お子さんの発達や特徴に基づいて、お子さんに合いそうな遊びやできそうな遊びを選んでください。実際に遊びながら、コラムなども参照して、かかわり方のコツをつかみ、お子さんが一緒に楽しめる遊びについて、お母さんも「楽しく」学んでいただきたいと思います。楽しい遊びをたくさん見つけて、たくさん増やしてください。楽しいやりとり関係を築いて、お子さんのことばや発達を援助していけるように、心から願っています。

第 2 章　お母さんのための「遊び保健室」

うまく遊べない状態から、とにかく脱出するためのノウハウ

　表2-1には、お母さん方からよく聞かれる遊びにまつわる悩みの代表的なものをリストアップしました。ご自分の悩みに近いものを選んで、右の事例の番号のところにジャンプしてください。それぞれの悩みの具体的な事例とその解決策がそのページに解説されています。

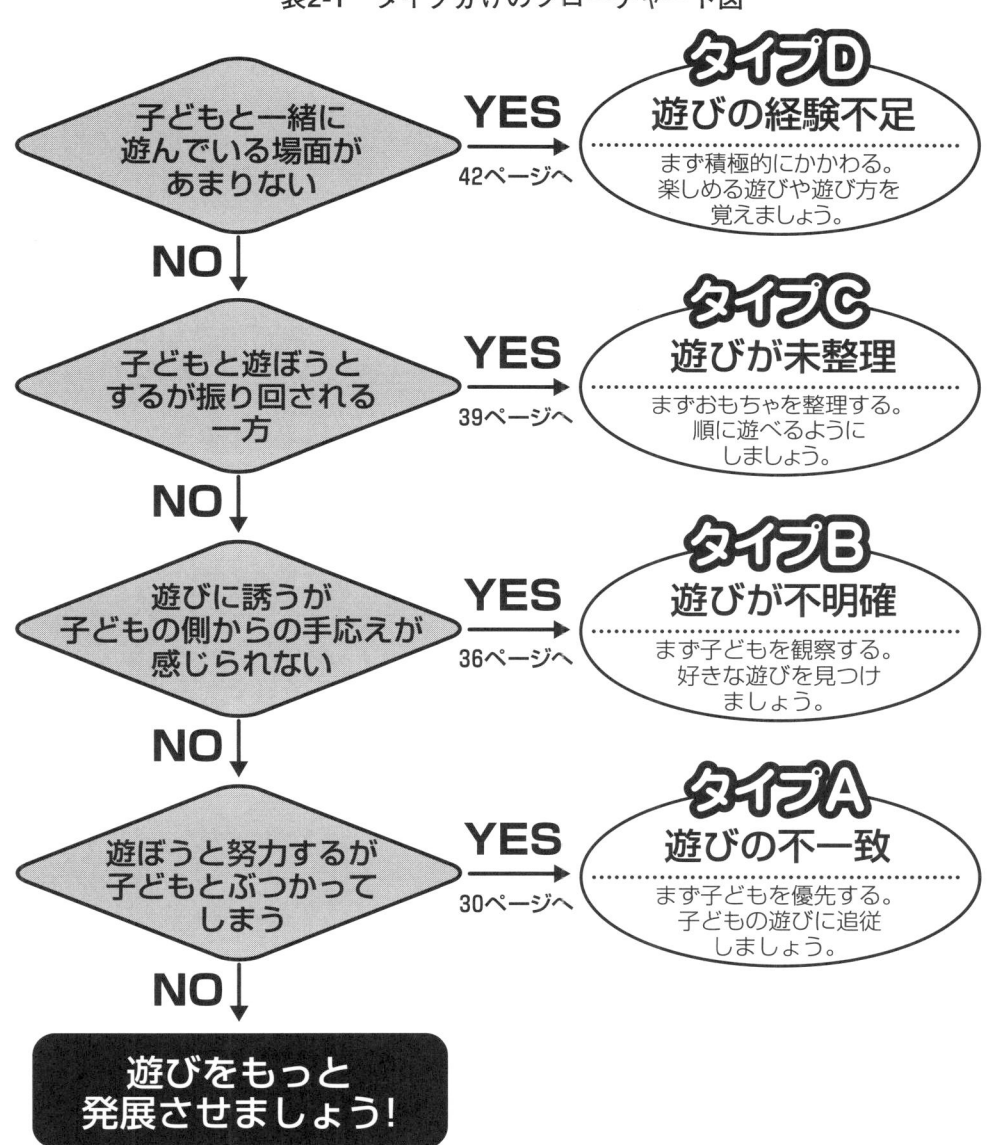

表2-1　タイプ分けのフローチャート図

- 子どもと一緒に遊んでいる場面があまりない
  - YES → **タイプD　遊びの経験不足**（42ページへ）
    まず積極的にかかわる。楽しめる遊びや遊び方を覚えましょう。
  - NO ↓
- 子どもと遊ぼうとするが振り回される一方
  - YES → **タイプC　遊びが未整理**（39ページへ）
    まずおもちゃを整理する。順に遊べるようにしましょう。
  - NO ↓
- 遊びに誘うが子どもの側からの手応えが感じられない
  - YES → **タイプB　遊びが不明確**（36ページへ）
    まず子どもを観察する。好きな遊びを見つけましょう。
  - NO ↓
- 遊ぼうと努力するが子どもとぶつかってしまう
  - YES → **タイプA　遊びの不一致**（30ページへ）
    まず子どもを優先する。子どもの遊びに追従しましょう。
  - NO ↓
- **遊びをもっと発展させましょう！**

お母さんの悩み タイプA　遊びの不一致

子どもと遊ぼうと努力しているのに、ぶつかってしまう。いつも子どもに反発されてばかりで、子どもと一緒に楽しく遊べない……

● ままごと遊びは楽しい？

　お母さんとまゆみちゃんはままごと遊びをしています。まゆみちゃんは、大根を包丁で一生懸命切っています。お母さんは「大根を切った後は、お鍋に入れて煮るものだわ」という考えから「まゆみちゃん、大根さんお鍋に入れて、ジュージューしよう」と次の遊びに誘おうとします。ところが、まゆみちゃんはお母さんの言うことはきかないで、ままごとセットの中からニンジン、なす、ピーマンと次々と野菜を取り出して、やはり包丁で切っています。お母さんはその度に「まゆみちゃん、ニンジンさん、フライパンで炒めようか」とか「ピーマン、お皿にのせて」と、何とか次の「遊び」に発展させようといろいろ考えて声かけをします。

　しかし、まゆみちゃんはやはり野菜を取り出しては切る、ということを繰り返すばかりです。さらにお母さんが声をかけると、まゆみちゃんは自分のしていた遊びを止めてしまったり、挙句の果てにはおもちゃを投げたりします。お母さんの側には「どうして、この子は私の遊びの誘いにのってくれないのかしら？」と段々イライラしてくる気持ちが湧いてきます。

ポイント

　まゆみちゃんの場合、今は「野菜を切る」ということがとにかくやりたいのだなと理解することがポイントです。お母さんは何とか「切る」だけではなく他の活動にも拡げようと工夫しているのですが、その工夫がまゆみちゃんの興味とはマッチしていないので、まゆみちゃんはお母さんの提案を受け入れないのです。

　ここでは、まゆみちゃんがやりたいことをお母さんが認め、それにしっかり付き合うことが大切です。つまり、子どもの動作に合わせたことばかけをしていくとよいでしょう。具体的には、子どもが大根を切っているときに「トントン」とか「よいしょ！」とことばをかけます。切った後には「切れたね！」「できたね！」、子どもがニンジンを取ってきたら「次はニンジンね」などと声をかけていくとよいでしょう。

応急解決策

●子どもへのかかわり方

　こういう場合には、まず大人側は自分が考える「こうあるべきという遊び」を引っ込め、子どもの遊びを認め、それに追従するような「ことばかけ」をします。子どもの遊びを「見守る」ような気持ちで、子どものしている遊びをことばにすることが大事です（これを「子どもの遊びを言語化する」と言います。まゆみちゃんの例を再度見てください）。

●解説

　この事例の場合、子どもは子どもで、大人の側は大人の側で「こうやって遊びたい」というはっきりしたイメージがあるパターンです。つまり、子どもにも、大人にも「この遊びは、こうするべき」という遊び方の枠組みが明確にあり、両者が譲らない状況になっている訳です。

　大人から見れば子どもが一つの遊びに固執しているように見え、なんとかそれを打開しようと努力するにもかかわらず、相変わらず子どもは自分のしたい遊びをし続けているという状況です。子どもの側からみれば、大人も自分の遊び方にこだわって子どもに押しつけているようにみえます。両者共に自分の遊びのイメージが強くあり、それがぶつかり合っているという構図です。

　こういう場合には、まず大人側は自分が考える「こうあるべきという遊び」を引っ込め、子どもの遊びを認め、それに追従するようなことばかけをすることから始めます。

他によく見られる例 ●●●●●●●●●●●●●●●●

- ミニチュアの乗り物での遊び場面で、決まった乗り物には決まった人形が乗っていないと気が済まない。それ以外の人形を乗せようとしない（遊ぶ物へのこだわり）。
- 大人が人形を乗り物から降ろそうとすると、子どもは「降りない！」と言い張る。人形を乗せたままずっと走りたいという気持ちが強い（遊び方へのこだわり）。

> ☞ さらに、ワンポイント！
> 　子どもと同じ物や似たものを子どもの隣でタイミングを合わせて遊ぶ。
> 　▶具体的な例
> 　・大人が子どもとは別の包丁で切る。
> 　・別の乗り物セットで子どもと並んで走らせたり、人形を乗り降りさせて見せたりする（子どもの扱っている乗り物では、乗り降りをしたがらないので、大人が別の乗り物でやって見せる）。

タイプA' 遊びの不一致
お母さんの悩み

子どもは、いつも同じ遊びをワンパターンで行なっている。大人側はこう遊ぶべきと思っているが、子どもが受け入れないので、あきらめてしまう……

● どこまで走り続ける？

　けんくんはお母さんと一緒に公園に行くと、いつもお母さんから離れてグルグル同じ場所を走り続けます。お母さんは「滑り台もあるよ」「ブランコで遊ぼう」「砂場で一緒に遊ぼう」などと公園にある遊具で遊ぼうと声をかけますが、けんくんはお母さんの誘い掛けには全く応じず、相変わらず走り続けています。

　お母さんは「また、今日も走っているわね……」とそれ以上に誘いかけることは諦めて、ベンチに一人座りけんくんの走っている様子をため息混じりで見ています。

■ポイント

　このような場合には、お母さんはけんくんと一緒に走るというのが一番の応急策になるでしょう（とりあえずは、同じ方向でも逆方向でも、横に並んで走ってもけんくんの

後ろから走っても構いません)。

　そして、けんくんが止まったら止まる、けんくんが走り出したら走り出すという具合に、けんくんの動きに合わせてみます。走っているときに「1、2……1、2」あるいは「よいしょ、よいしょ」などの掛け声をかけてみましょう。止まるときには「ストップ」「着いた！」「止まった！」などとその状況を表すことばをかけてみます。

応急解決策

●**子どもへのかかわり方**
　この場合には、とにかく子どもの「こう遊びたい」という枠組みにまず最初は大人側が合わせていきます。

●**解説**
　けんくんの場合、タイプAのまゆみちゃんと同様に、子どもにも大人にもかなり明確な遊びの枠組みがあります。違いは、タイプAでは大人側が自分の考える遊びを子どもに強行にさせようとするのに対し、タイプA'のけんくんでは、いろいろとかかわった結果、子どもが自分の遊びに固執し大人の遊び方を受け入れないので、子どもの遊びを遠目に見ているだけになってしまった点です。
　かかわり方のコツとしては、タイプAと同様に、まず大人側が子どもの遊びを認めて、それに合わせるようなことばかけや行動をしていくということです。

他によく見られる例 ●●●●●●●●●●●●●●●●●

・滑り台を何回も何回も滑り続ける（遊び方と遊ぶものへのこだわり）。

> ☞ **さらに、ワンポイント！**
>
> 　　子どもの遊び方に十分合わせた後、遊びの区切りの良さそうなところで、子どものレベルに合った楽しめそうな活動（動作）をまず「一つ」入れてみる。この活動や動作を子どもが楽しむ様子が見られたら、区切りが来る「度に」その活動（動作）を行なう。
> 　　こうすることで、子どもが大人のかかわりを予測（期待）しやすくなる。
>
> ▶**具体的な例**
> ・子どもが近寄ってきたとき、「つかまえた！」と抱き寄せる。
> ・長く動きを止めないで、またすぐに放して「バイバイ」と走らせる。
> ・ゴールで「コチョコチョ」とくすぐる。「タッチ」と子どもと手を合わせる。
> ・走っているコースの途中や滑り台で子どもが滑ってくる途中などで踏切カンカン（手で踏切の上げ下ろしをしながら「カンカン、カンカン」とそのまねをする様子）をする。

◆まとめ

　Aの2タイプはまず「子どもの行動の言語化＋まねっこ」で子どもと同じレールに乗って、仲間であって、じゃま者ではないことをアピールします。レールの軌道修正はこの安心できる関係ができてからチャンスが生まれてきます。この関係になっていないのに、「左に曲がって」「スピードを上げて」のように指示ばかり出すことによって、子どもに不安を与えてしまい、聞き入れてくれないことが多くなります。

お母さんの悩み タイプB　遊びが不明確

子どもにいろいろな遊びを提案するが、遊びがなかなか続かない。子どもからの手応えを感じられない……

1回目はできるけど……

　お母さんが、ボールをタツヤくんに差し出して「投げてごらん」と言うとタツヤくんは1回は投げてみますが、それっきりです。その後は自分からしようとはしません。次にお母さんが、食べ物の模型とお皿を見せて「お皿に載せてごらん」と言うと、タツヤくんはその通りにしますが、やはり一度しかやりません。今度は、お母さんは人形をタツヤくんに差し出して「人形さんにごはん、ちょうだい」と言うと、タツヤくんは1回は食べさせますが、すぐに止めてしまいます。

　このようにタツヤくんは、お母さんが何か言えば1回は応じてやってくれます。でも、自分から続けて遊ぼうとしません。

ポイント

　まず、タツヤくんを遊びに誘うのを止めましょう。タツヤくんの様子をよく観察し、タツヤくんがどのおもちゃに興味があるかを見極めます。

　お母さんが子どもの様子を静かに見てみたところ、タツヤくんはジッと「積み木」を見ていました。しばらくして、タツヤくんは積み木を触り始めました。しかし、これといった遊び方はみられません。

　ここまで静かに観察したことで、タツヤくんは「積み木」が好きなこと、しかし、それでどうやって遊べば良いかはよくわからないということが理解できました。ここまではっきりわかった時点で、ようやくお母さんの出番です。お母さんは遊び方のモデルを示したり、楽しいセルフトーク（20ページ参照）をしながら面白そうに遊んで見せたりするとよいでしょう。

　「ヨイショ、ヨイショ」と積み木を積んでいき、タツヤくんがそれを嬉しそうに見るようであれば、積み木を子どもの手の届く範囲に置いてみて、タツヤくんがお母さんの

第 2 章　お母さんのための「遊び保健室」

まねをするかどうか待ってみます。もしタツヤくんがまねをしなかった場合でも、お母さんは続けて積み木を積んでいき、「1、2の……3！」という掛け声とともに積んだ積み木を倒してみせ、「やった、倒れた！」と拍手やバンザイをしてみます。

このように積み木を使った一連の遊びを見せた後、お母さんと一緒になって倒しに来たり、次に大人が積むと倒そうとしてきたら、応急処置は成功です。

注意して欲しいことは、ここでのことばかけは「倒して！」ではなく「1、2の……3」「せいの……エイ」です。タツヤくんにさせたい行動（倒す）を指示することばかけではなく、「倒す瞬間」を表現することばです。このように倒す瞬間の合図を用意してあげることで、タツヤくんは予測がついて、倒すタイミングがつかみやすくなります。

応急解決策

●子どもへのかかわり方

　このような場合には、まず大事なことは大人は子どもの様子を静かに観察するということです。その観察によって、子どもの好みの遊び、おもちゃ・遊具は何か、そして、そのおもちゃや遊具での遊び方を知っているかどうかを明確にしていきます。

　遊び方がわかっている場合には、タイプAと同じように、その子どもの遊びに追従していきます。遊び方がわからない子どもの場合は、「子どもの好みの遊び」で遊び方を大人が示していく必要があります。

　さらに、このタイプBの場合には、一つの遊びに執着しないで次々に遊びが変わることがありますが、これは後のタイプC「遊びが次々に目移りする場合」で詳しく解説します。

●解説

　このタイプの場合、大人はいろいろな遊具の一般的な遊び方を次々と子どもにさせようと試みて、子どもは一度それには応じますが、自分で遊びを維持したり、発展させたりすることができません。つまり、お母さんはいろいろな遊び方を知っていて（枠組みをもっている）、いろいろ誘いかけますがその遊びが子どもの興味に合っているのか確認が不十分という訳です。さらには、子どもの側は好みの遊具やおもちゃがあっても、遊び方がわからない（枠組みが弱い）という場合です。

　このような子どもには、ことばで遊び方を指示しても、子どもには具体的な遊び方のイメージが湧いてきません。お母さんが遊び方を示して、いかにも面白そうに遊んでみせると、子どもは同じことをまねしたくなってきます。ただし、一度模倣でできたことでも、すぐに自発的に行なえるようになるのは難しいので、根気よくモデルを提示する必要があります。

他によく見られる例 ●●●●●●●●●●●●●●●●

・公園の遊具を点々と遊び、移っていく。

> **☞ さらに、ワンポイント！**
>
> 　子どもは一つの遊びに遊び込むまで時間がかかります。すぐに上のレベルを目指すより、同レベルの違う遊びを一つずつ基本を守ってじっくり付き合っていく方がよいでしょう。3章を参考にして、遊びを増やしましょう。

お母さんの悩み タイプ❻　遊びが未整理

子どもに合わせて遊ぼうとするが、子どもは制限なく、あるだけのおもちゃを出したり、お母さんに強く遊び方を指図する。子どもに振り回される一方で疲れる……

● あれもこれも全部やって！

　マヤちゃんのお母さんは「一体、どこまでマヤに付き合えばいいのだろう」と、ため息混じりに言いました。マヤちゃんは、本棚の絵本を見て「絵本！」と言って次々絵本を引っ張りだしてはお母さんに「これ読んで」「あれ読んで」と要求してきます。

　その度にお母さんはマヤちゃんの要求をかなえてあげようと一生懸命応じますが、マヤちゃんの要求は留まるところを知らず、次には「ぬいぐるみ！」とおもちゃ箱から全部のぬいぐるみを出してきます。その一つずつに対して、お母さんは応答しようとしますが、最後にはいつも疲れてしまいます。

■ ポイント

　このような場合、まずマヤちゃんの置かれている状況をよく見て、たくさんのおもちゃや遊具を次々とマヤちゃんが勝手に取り出してこないように環境を整理する必要があります。
　例えば、絵本は子どもの手の届く範囲には「10冊」だけ置いておく、ぬいぐるみは決

まったもの五つだけが子どもの自由になるようなところに置いておく、などです。期間をおいて、違う本やぬいぐるみに取り替えても良いでしょう。同じように他のおもちゃ、ままごと道具、ボール、パズルなども整理しましょう。

　こうすることで、お母さんが付き合わされる遊具やおもちゃの数をあらかじめ限定することができるのです。このときに大事なのは、マヤちゃんが見ていないときにこのような環境設定をすることです。そうしないとマヤちゃんにおもちゃや遊具の隠し場所がわかってしまい、結局、マヤちゃんはそこまで行って引っ張り出すという行動をとってしまうからです。

　このようにして限定した遊具・おもちゃの範囲で、マヤちゃんに合わせて遊ぶようにしましょう。

応急解決策

●子どもへのかかわり方

　この例では、まず大人がするべき工夫は、子どもの遊びの範囲を「管理する」ということです。子どものなすがままにしておくと、次々に遊具やおもちゃを取り出してきてしまい、結局収拾がつかなくなってしまいます。そのような事態をあらかじめ作らないために、「遊びの範囲」を限定する、というのがコツになります。

●解説

　子どもの側には明確に遊びについての枠組みがあり、大人がそれに追従してしまうタイプです。子どもに振り回されないために、大人が環境を整理しコントロールする必要性があります。

他によく見られる例 ●●●●●●●●●●●●●●●●●●●●

・家にあるミニカー（例：200台）を全部、出さないと気が済まない。
・おもちゃ箱のおもちゃを全部出さないと気が済まない。

☞ **さらに、ワンポイント！**

「遊びの範囲」を事前に整理して限定する方法として、箱やかごにおもちゃを種類別に分けておきます。大人の側がおもちゃを管理できる状況が必要ですので、子どもの手の届かないところに置いておくか、子どもが開けられない箱にします。そして子どもが要求するおもちゃを、順に提示していきます。

▶スムーズに行なうための留意点

①子どもが遊びたいおもちゃの意志表示：子どものことば、コミュニケーションのレベルを考慮して、おもちゃの写真や絵や文字を箱に貼り、同じく写真や絵や文字のリストを子どもに見せて、子どもが選べるようにします。写真を見ても選べない子どもは、直接二つの箱を見せて取らせます。

②片づけ方：一つ目のおもちゃが終わると、子どもが次のおもちゃで遊びたいと何らかの意志表示をしてきます。一つ目で遊ぶ時間の長さにこだわらないで二つ目のおもちゃを提示します。このとき、一つ目のおもちゃを片づけるように誘います。「お片づけ〜♪　お片づけ〜♪」と歌を歌いながら、大人も一緒に片づけます。そうすることによって片づけが楽しくなり、のってくる子どもが多くいます。

③切り替え方：二つ目のおもちゃは与えてしまうと子どもは遊びだして片づけに応じないことが多いです。ここで大人が一つ目のおもちゃ片づけさせたくて、叱りつける場面をよく見かけます。それでは「順に遊ぶ」という目的にたどり着かないうちに、お互い嫌になってしまいます。

こういう場合は先に二つ目のおもちゃを見せておいて、すぐ渡さない状態にするか、大人が持ったままで、声をかけます。片づけはなるべく時間を短くして長く待たせないようにします。

この段階では「やる気」が一番大切です。「丁寧さ」を要求することは、次のステップで両者ともやりとりの手順に慣れてからすることです。ここでは二つの目標（「環境を整理すること」と「丁寧に片づけること」）を同時に子どもに課することによって、どちらもうまくいかなくなります。

お母さんの悩み タイプD 遊びの経験不足

子どもにこれといって楽しめる遊びがなく、
大人もどうして遊ばせればよいかわからない。
子どもと一緒に遊んでいる場面があまりない……

どうやって遊ぶ?

　アキラくんのお母さんは、アキラくんが部屋の中をただウロウロと歩き回っているのをぼんやりと見ているだけです。アキラくんの方も特に何かで遊びたいというよりは、ただ歩いているだけという感じにみえます。

　お母さんは、何か自分の子どもにしてあげたいと思いますが、何から手を付けてよいのか、どうしたらよいのか、全く見当がつかずお手上げ状態です。

ポイント

　お母さんがこれならば遊んでみたいという遊びを選び、実際に遊んでみせます。何かをやってみないとアキラくんの反応を確かめることができません。どういう遊びがいいかのヒントは3章で紹介する具体的な遊び方から選ぶことを勧めます。

　かかわりの基本はタイプAやタイプBの例も参考にしてみてください。

　また相談している機関があれば、上手に遊んでくれた先生やセラピストの実際の遊び

方をよく観察しましょう。最初は人前ではちょっと恥ずかしいのでできませんが、家に帰ってから、アキラくんと二人きりで、アキラくんが楽しめた遊びを再現してみるとよいでしょう。例えば、アキラくんが自分から手遊び歌の一部を歌ったりすることがある場合に、知らない歌なら、次の相談のときに、歌詞や動作を聞いてみるとよいのです。

応急解決策

●**子どもへのかかわり方**

とにかく子どもにかかわって遊んでみることです。子どもの笑顔が見られる遊びはどのようなものか、そういう遊びは続けて取り上げるようにしてみてください。

本書で紹介している遊びを試してみて、いくつかの遊びを提示した中で一つや二つ当たりが見つかります。うまくいかなくても諦めないことです。うまくいった遊びをチェックして続けて行なうことが大切です。

●**解説**

大人も子どもも遊びの枠組みが明確でなく、遊びがなかなか起こせないタイプです。子どもの反応がハッキリしないため、お母さんも遊んで良かったか悪かったかがつかめませんし、次は何をすればよいかが考えつかないのです。

他によく見られる例 ●●●●●●●●●●●●●●●●●●●

・子どもが何か一人で遊んでいるが、何をしているかよく分からない。

☞ **さらに、ワンポイント！**

　お母さんは、一人で考え込まないで、相談機関の先生と一緒に子どもの喜びそうな遊びを探して増やしていきます。余裕があったらノートに記録してみます。家での子どもの反応を遠慮せず相談のときに話してみます。
　子どもがどういうものが好きそうで、どういうものがまだ無理なのかが、話しているうちに傾向が見えてくることがよくあります。
　楽しめたものは似た遊びを増やしていきながら、楽しめなかったものは無理に進めないようにしましょう。

■コラム■

子どもに合わせて楽しめる何かを見つけるために

　――子どもの視点で、子どもが本当に楽しめることをする。大人が楽しいだろうではなく、大人が教えたいからでもない。
　子どもが楽しさを感じる所や、部分を見つけだす目をもつために、大人が押さえるべきことがあります。それは、簡単にいってしまえば……子どもに合わせることです。子どもが楽しめるように、子どもに合わせることです。
　大人は、遊びをしている、遊んでいるつもりで、子どもの楽しさのじゃまをしている場合だってあるのです。
　子どもが楽しめない理由を、子どもができない、子どもが遊べないと子どものせいにしていませんか。しかし実際は、大人が子どもとうまく遊べず、子どもに遊びの可能性を見いだせていないのです。何をやっても、当たりがない、遊べない先生や大人は、子どもにとって、「遊べない大人」となってしまうのです。
　あるいは、「子どもは遊べない」と決めつけて、子どもに全てを教えこまなければならないという大人もいます。そうではなくて、ぜひ、子どもと遊びの楽しさを分かち合える、共有できる先生や大人になってください。楽しそうに遊んでいる子どもの姿に、喜びを感じられるそんな先生や大人になってください。

✏️ チェック

「子どもと遊ぼう」の心構え

　大人は、遊びを指導していると思って、さまざまな活動を子どもたちとともにしています。果たして、本当に遊びになっているかどうかは、とてもデリケートな問題です。そこで、以下のような自己評価表を作成してみました。子どもたちに「遊び」を用いて指導する先生方へ、確認の意味も含めて、以下の自己評価表をチェックしてみてください。

遊びの達人への入門チェック

自己評価です。正直に付けてみてください

1. 子どもが想定外のことをしたときは？
　　□(a)一緒にやる　□(b)止めさせる

2. 子どもと遊ぶときは？
　　□(a)楽しいと感じることが多い
　　□(b)退屈感を感じることが多い

3. 自分の提案を子どもが取り入れないときは？
　　□(a)いったん引く　□(b)すぐに押し通す

4. 遊びは誰のもの？
　　□(a)大人と子どもが一緒に作っていくもの
　　□(b)大人は遊ばせる人、子どもは遊んでもらう人

5. 二人の関係は？
　　□(a)遊び仲間　□(b)教える人と教えられる人

(a) を多く選んだ方は、子どもにとって「一緒に遊ぼうとする大人」に思えます。一方、(b) が多くついた方は子どもにとって「一緒に遊ぼうとする大人」に見えないかもしれません。

　子どもから見た遊ぼうとする大人は、まず、子どもが感じたものに敏感で、よく観察し、子どもの立場に立って感じ取ることができます。子どもが本当に何が楽しいかを感じて、それを理解し共感関係を築くことを前提としています。
　次に、子どもが遊びたい気持ちにそって、根気よく付き合います。そうすることで子どもの仲間になれます。大人が提案したい遊びを示す機会が生じ、受け入れてもらえる可能性が出てきます。大人の主張だけを強く押すのでは子どもの仲間にはなれません。リードしたいなら、まず子どもの遊びにそっていかなければなりません。
　さらには、柔軟に発想を転換して面白さ、楽しさを作り出すことです。子どもが予想外のことをしたときに、既成概念にこだわらないでとらえることができれば、意外と新しい発見ができます。子どもが楽しく遊べないように見えたのは、実は大人が子どもの起こした行動に面白さ、楽しさを見いだせない、気づいてあげられないことが多いのです。大人が面白く思えないために、せっかくの遊びのチャンスを見逃すことになります。
　最後に、子どもにとって、自分自身が楽しい面白い大人になるように努めることです。子どもにかかわろうとするとき、子どもの心を引きつけるのには楽しさや面白さを意識した態度にきちんと表す必要があります。大人の本来の性格はいろいろあるので、意識せずにありのままで子どもにかかわると、意外と淡々として表情に変化が少なく、インパクトが弱い大人がいたり、反対に、パワフルで勢いが強すぎて、子どもが引いてしまう大人がいたりします。子どもの反応を瞬時に確認して比較してみれば、自分がどのような振る舞いをしたときに子どもの反応が一番良いかがわかるはずです。

第3章 遊びの発達にそって

太田　一貴

1　遊びで見る

　なぜ遊びで、発達を見るのでしょうか。なぜ、遊びを指導に使いたいと考えるのでしょうか。それは、直感的に遊びは楽しい活動で、その中に、発達の各側面の指導をうまく組み込めると効果的だと感じるからでしょう(図3-1)。しかし、これが意外に難しい。本章では、遊びの発達の視点にそって、遊びの指導を紹介していきます。

(1) 遊びで見る子どもの発達

　テストは皆さん好きですか。試されるのって大嫌い。とってもプレッシャーになります。発達検査でも、最大の力を見極めたいとなると、どうしてもプレッシャーをかけることになります。せめて3歳すぎたお子さんでないと、なかなかこちらの指示に応じてもらえず、検査も思うようにいきません。そのようなときに、遊びの評価の視点をもっていると、とても役に立ちます。検査にのらない。そんなときに、遊びの評価の視点をもっていると便利です。

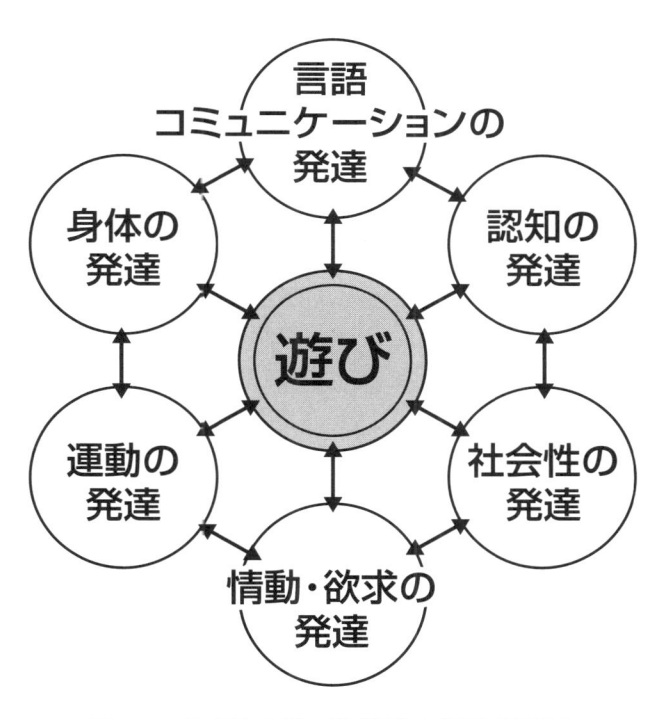

図3-1　子どもの遊びと発達の相互関係図
出典：高野清純・林邦雄(1975)『図説児童心理学事典』学苑社を改変

(2) 遊びの評価と指導

ことばと遊びは関係があります（**図3-2**）。遊びは、さまざまな面の発達と関係があります。その中で、特徴を見出していく様々な視点があります。しかし、少なくとも遊びの評価には、遊びそのものを評価する視点と、遊びで発達を評価する視点の二つが必要です。

遊びとはもちろん楽しい活動です。つまり、楽しくなければ遊ばない、楽しくなければ遊びではないのです。子どもは遊ぶと楽しくなり、やる気が出ます。人間、やる気をもって取り組んだときに、最大の力を発揮します。

遊びは楽しいかどうかが大切です。嫌いなことをやっても楽しいわけがありません。もちろんレベルが合っていなければ遊べませんし、楽しい遊びになりません。子どもの発達のレベル、子どもたちの遊びの発達のレベルを理解しておくことも大切です。

遊びの指導に際してのポイントは、知的な力で精一杯の力を使うように、課題を設定しないことです。少しだけ余裕をもたせ、むしろ、大人の働きかけで、変化と幅をもたせ、楽しみながら、最大の力を発揮させるところを目指します。なによりも遊びの楽しさを見極める目をもつことが大切です。

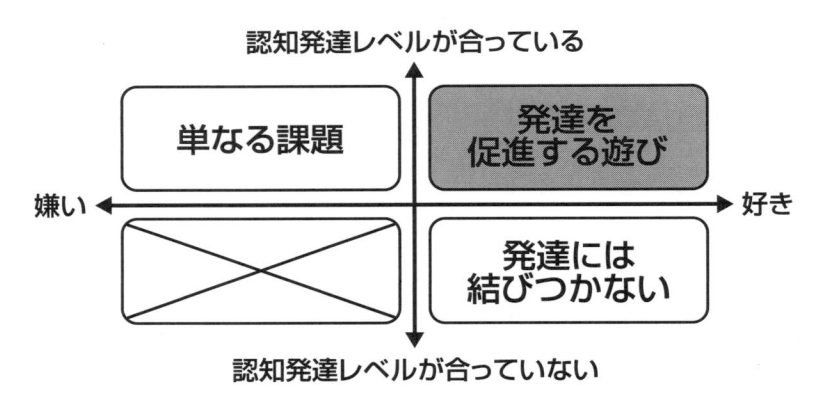

図3-2　発達を促進する遊びのゾーン（再掲）

(3) 子どもを見る目

子どもたちの様子を、ただみてみましょう。楽しそうだな。遊んでいるな。つい可愛らしくて、微笑んでしまいます。もう少し続けて見ていると、子どもたちが遊んでいる流れが見えてきます。何をやっているのか、理解することができます。さらに、ジッとみていると、繰り返し同じことがでてきたりして、構造が見えてきます。指標があれば、さらによく分かるはずです。さらに、一緒になって遊んでみましょう。どのように応じたり、反応が返って

くるのか、試してみましょう。そうすることで、より深く、子どもたちを理解し、子どもたちに近づくことができるはずです。何が、楽しいのかが見えてくるはずです。

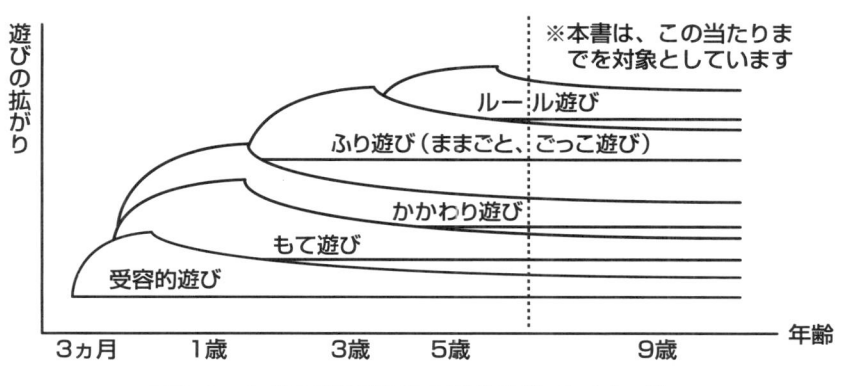

図3-3　年齢に伴う遊びの割合変化のイメージ

(4) 子どもの遊びに見る発達

　ピアジェ（1945, 1951）は、実践的遊び（0〜2歳）、象徴的遊び（2〜7歳）、ルール遊び（7〜12歳）と区分しています。さらに、見て楽しむといった受容的な遊び（後に違った意味でピークを迎えます）と対人的なかかわり遊びとを加えたイメージが図3-3になります。

　ままごとのような遊びを象徴遊びという言い方をします。遊びとことば、絵を描くことの三つは、子どもたちの象徴能力を具体的に現している活動です。ことばと、ここで言う遊びの象徴遊びは、表裏一体なのです。

　ここでは、主に3歳以前の子どもの発達評価の視点をもつ遊びを紹介します。とても難しそうに聞こえるのですが、要はままごとやドールハウスといった人形遊びで見る子どもの発達です。主に、ままごと道具と人形の場面、ドールハウスで使う人形やイスベッドなどで遊ばせながら見ていきます。

　このままごと遊びを見る軸は、主に物（脱文脈化）、人（脱中心化）、連鎖（統合化）の3軸で見ていきます（6章の147〜149ページ参照）。道具をそれらしく使える（脱文脈化）。人形をいすに座らせたり、トイレに行かせたり、人形に食べさせるふりができる（脱中心化）。切って、焼いて、それから「いただきます」と食べるふりをする（統合化）など、遊び方によって発達のレベルが実は微妙に違うことがわかります。

　この遊びをより厳密に見ようと思えば、象徴遊びテストという検査もあります。

(5) 遊びの選択のためのプレ評価（ことばを育てる遊びの選択）

　遊びの発達の枝分かれ図（図3-4）で、まず、適切な遊びの大枠を探しましょう。さらに、**表3-1**と**表3-2**を参考にして、できる遊び、楽しんで遊ぶ、かかわって遊ぶために適切な遊びの大枠のレベルを推定します。「できそうなこと（発達の最近接領域）」（6章153ページ参照）を探していきます。

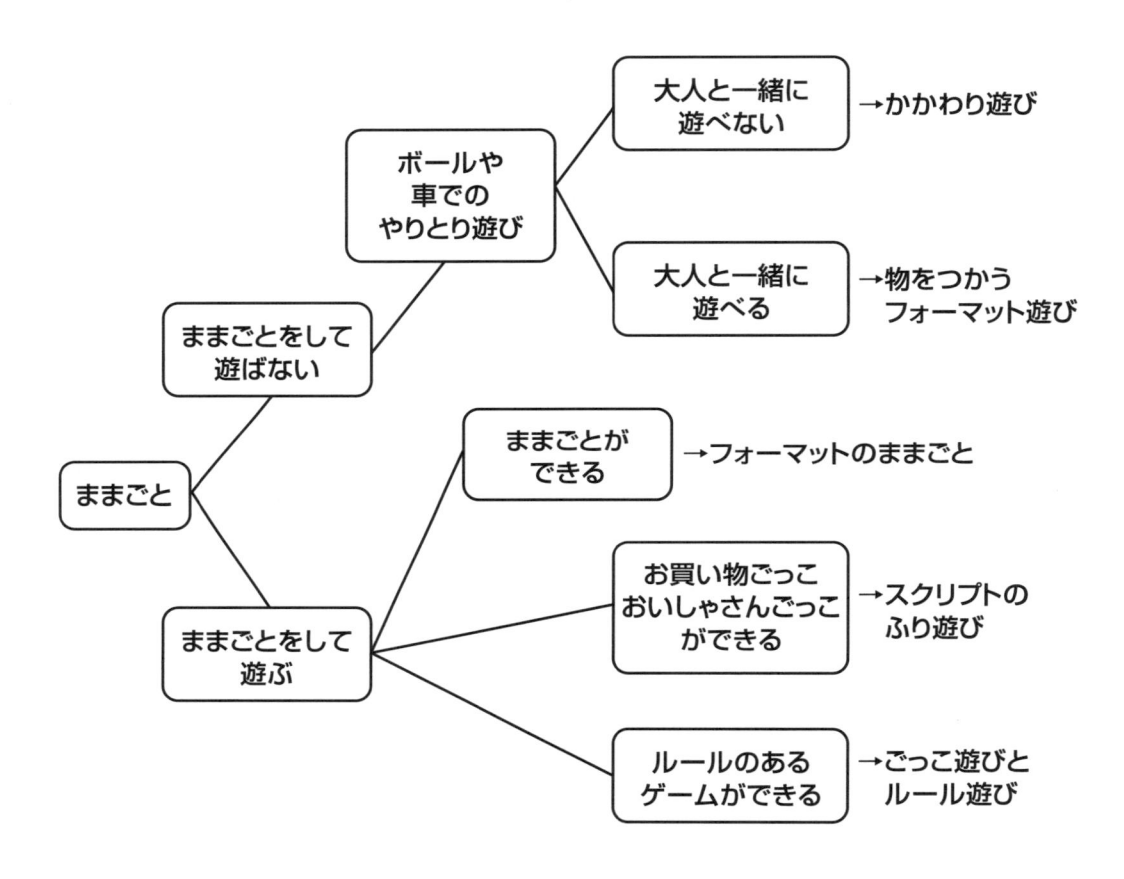

```
ままごと ─┬─ ままごとをして ─┬─ ボールや車での ─┬─ 大人と一緒に遊べない → かかわり遊び
         │   遊ばない        │   やりとり遊び    │
         │                   │                   └─ 大人と一緒に遊べる → 物をつかうフォーマット遊び
         │
         └─ ままごとをして ─┬─ ままごとができる → フォーマットのままごと
             遊ぶ            │
                             ├─ お買い物ごっこ
                             │   おいしゃさんごっこ → スクリプトのふり遊び
                             │   ができる
                             │
                             └─ ルールのあるゲームができる → ごっこ遊びとルール遊び
```

図3-4　遊びの発達の枝分かれ図

2 コミュニケーションの評価── 発達的視点で見る

　この節では、言語とコミュニケーションの発達の連続性と、遊びとの関連の見方（評価）について紹介します。発達的に見る見方と、病理的に見る見方があります。遊びの中でかかわること、そのための上手なかかわり方や、かかわるための練習の必要性についても考えてみましょう。遊びの中で、ことばのやりとりをしながら、具体的にことば、コミュニケーションを通して学ぶ道筋についてポイントを紹介します。

(1) コミュニケーションとことば

　コミュニケーションの中では、ことばの出現は突然のできごとではなくコミュニケーション行動の連続線上にあります。もちろん、発音が上手になること（音声の体制化）と、話しことばにはそれぞれの意味があること（音声の記号化）を知ることなど、様々な技能や理解を必要とします。さらには、会話の問題など、複雑な問題も含まれます。コミュニケーション、やりとりをしながら、大人がかかわることで楽しく遊ぶことを基本として、本章で取り上げる遊びは紹介されています。

　ことばは時代によって変わっていきます。まず、文法といった規則があるのではなくて、使われているうちに意味や、規則も変わっていくのです。ことばは生きています。子どもたちはことばが実際に使われている中で、ことばを学んでいきます。実際のことばの使い方を学んでいく語用論的な学習が大切であると言われるのはそのためです。

　ことばの学習は、しゃべり始めれば終わりというわけではありません。ことばを用いて相手に伝えるというコミュニケーションの能力は、時間をかけて長期にわたって、ゆっくりと発達します。

　指標については、それがある領域とない領域、指標が分かりやすい領域と分かりにくい領域があります。分かりやすいのは、発音、語彙数などの領域で、分かりにくいのは、会話、ことばの使い方（語用）といった領域です。

　また見方（評価）については、発達的に見る見方と、病理的に見る見方があります（語弊はあるかもしれませんが、病理的な見方というのは、特徴をとらえることと考えていただくとよいでしょう）。病理的な面を見る際には、できないと決めつけたり、あきらめたりしがちです。どうしても苦手ということが避けられない領域でもあります。

　そんなとき役に立つのが、「できる」という見方と、「好き」という見方です。子どもたちも「できないからやらない」「苦手だから嫌い」ということもあるでしょうが、下手の横好

きということもあるのです。下手でも好きだからとやっていると、まったく「やらなかった」よりは、それなりにできるようになるものなのです。

(2) ことばの発達のプレ評価

ことばの発達の枝分かれ図（**図3-5**）からコミュニケーションの評価を行ないます。**表3-1**を参考にして、かかわって遊ぶために適切な遊びのレベルを推定します。もしコミュニケーションの評価より、遊びの評価（**図3-4**参照）が高いようであれば、コミュニケーションに対応する遊びを用いることをお勧めします。

```
ことば ─┬─ 話さない ─┬─ 指さしを     ─┬─ やって欲しくても → 聞き手効果段階
        │            │   しない         │   物を渡さない
        │            │                  │
        │            │                  └─ やって欲しいときに → 聞き手効果段階
        │            │                      物を渡す
        │            │
        │            └─ 指さしを ──────────────────────→ 意図的伝達段階
        │                する
        │
        └─ 話す  ─┬─ 二語文を  ─────────────────────→ 命題伝達段階（一語文）
                  │   話さない
                  │
                  └─ 二語文を  ─┬─ 会話が成立しない → 語連鎖と会話の段階
                      話す      │
                                └─ 会話が成立する  → 談話と文法の段階
```

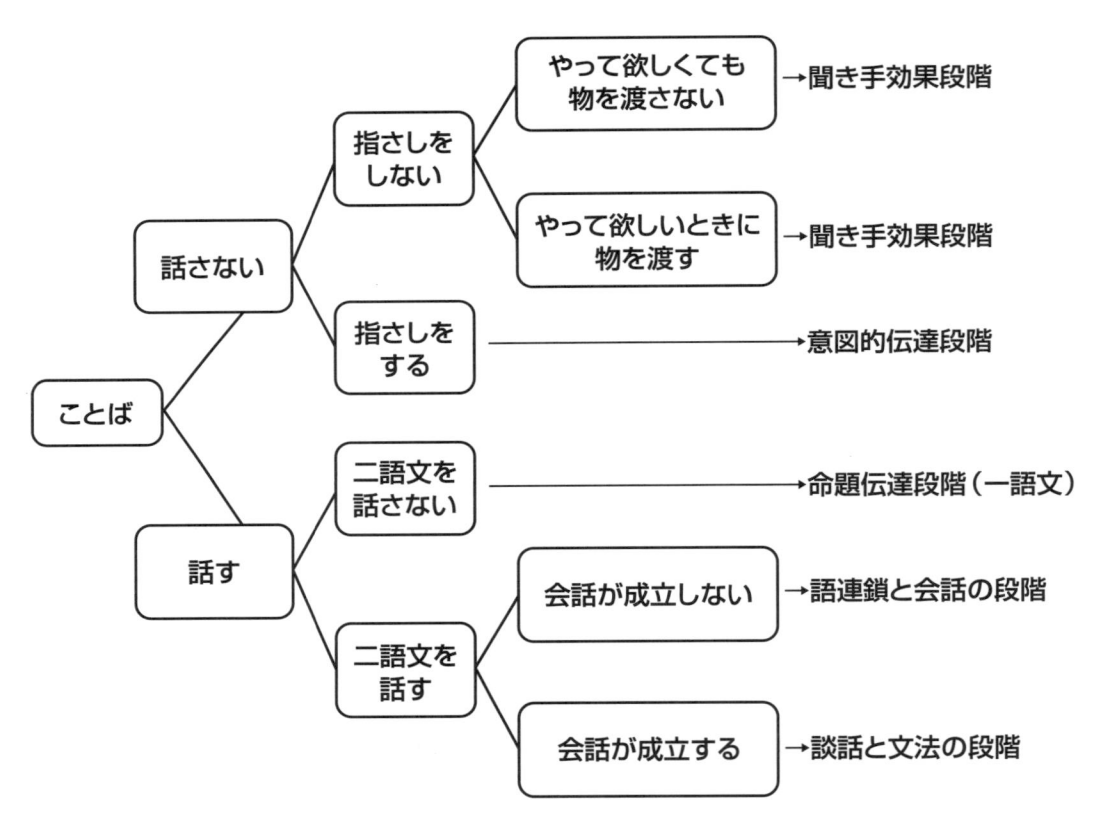

図3-5　ことばの発達の枝分かれ図

第3章　遊びの発達にそって

表3-1　コミュニケーションの発達と指導に用いる遊び

コミュニケーションの発達段階	遊び指導のメルクマール（指標）
聞き手効果段階 3～6ヵ月 ・泣く・笑う ・見る・体を動かす ※何をしたいのか分かりにくい 6～8ヵ月 （クレーン） ※行動を見ると何をしたいか分かる	●**感覚遊び** 体を使った遊び 　高い高い・グルグル・揺らしなど 　（大型遊具の遊び） 　トランポリン・バランスボール、 　タオルブランコなど
	●**かかわり遊び** イナイイナイバー 手遊び（見て楽しむ）
意図的伝達段階 10～12ヵ月 ・社会的手段・複合化 ・pointing・giving・showing ・身振り	●**物を使わない 　　　　フォーマット遊び** 手遊び（一緒に楽しむ） まねっこ遊び 追いかけっこ
	●**物を使うフォーマット遊び** 積み木倒し ボール遊び 車のやりとり 操作のあるおもちゃ・絵本
命題伝達段階 1歳～ ・初　語	●**フォーマットのままごと** 13ヵ月～ 自分を中心とした振りを することが始まる 関連的・機能的操作・単一行為連鎖
語連鎖と会話の段階 1歳6ヵ月～ ・語彙の増加と文法化 ・語彙爆発 ・二語文の出現、文の始まり ・文法爆発 ・会話の始まり	●**スクリプトのままごと**　2歳～ 〈お母さん―赤ちゃん〉 日常経験や実生活に近い。スクリプトは 短く独立。役割はすぐに交代される。
	●**スクリプトのふり遊び** 2歳6ヵ月～ 〈お医者さん・お買い物・先生〉 感銘的な経験を表現する。スクリプトは 短く独立。役割はすぐに交代される。
談話と文法の段階 3歳～ ・複文など文構造の複雑化 　（談話の問題の表面化）	●**ごっこ遊び**　3歳～ スクリプトは統合され、 トピックは展開される。
	●**ルール遊び** 鬼ごっこ いす取りゲーム

※竹田契一監修　里見恵子・河内清美・石井喜代香著（2005）『実践インリアル・アプローチ事例集』（26ページ）日本文化科学社を元に著者が作成。本章末（92ページ）に『実践インリアル・アプローチ事例集』（26ページ）の図を掲載。
※「聞き手効果段階」・「意図的伝達段階」・「命題伝達段階」については6章の150ページ参照。
※「フォーマット」・「スクリプト」については6章の156～160ページ参照。

3　遊びによる指導

　この節では、子どもが好んで行なっている遊びの種類や行動をよく見て把握し、その遊びをうまく利用しながら、大人とのやりとりを組み込んだり、遊びそのものをさらに発展させるためのコツについて紹介しています。

（1）遊びのコツ —— 発達にそって遊ぶ

　表3-2には発達に遅れのある子どもにもよく見られる代表的な遊びをいくつか列挙してあります。子どもの認知の力によって遊びの種類や内容は変わってきますが、うまくいっていないときの遊びで共通してみられる特徴は、「子どもは一人で遊んでいて、大人と積極的にかかわって遊ぼうとはしない」ということです。

　せっかく子どもが楽しんでいる遊びがあるわけですから、それをうまく有効活用して大人も子どもも楽しい遊びに発展していけばよいのです。

　表3-2を見て、子どもが好んで行なう遊びはどれに当たるかを探してみてください。子どもによっては、いくつかのレベルにまたがっていることがありますし、レベルの高い遊びをしていても、低いレベルの遊びを好み続けることがありますので、一つに絞り込む必要はありません。

（2）かかわりの基本原則

・子どもの様子をよく観察して、遊びのレベル・発達のレベルをみつける。
・そのレベルに合った遊び方を行なってみる（当たりを付ける）。
・遊び方の基本は、子どもの遊びに合わせる＝子どもの遊んでいる様子を言語化する、あるいは模倣する。
・子どもが楽しんで遊んでいるかどうかをよく見る。
・楽しい様子であればＯＫ。もし楽しくないようであれば、遊びの様子を再度よく見て遊びを変えてみる。
・かかわりを工夫してみる。例えば、声の調子などを工夫して、盛り上げることも、必要である。

（3）障がい児の遊びの特徴

　発達に遅れがあると、生活年齢に比べ単純な遊びが多くなり、いろいろな要素を上手に組

表3-2　遊びのレベルと実際の遊びの整理表

	遊びのレベル	具体的な遊びの例
人とかかわって	**1 感覚遊び**（58ページ参照）	・体を使った遊び ・大型遊具で遊ぶ
人とかかわって	**2 かかわり遊び**	・イナイイナイバー遊び ・手遊び（見て楽しむ）
人とかかわって	**3 手遊び・体遊び（物を使わないフォーマット遊び）**（61ページ参照）	・手遊び（一緒に楽しむ） ・まねっこ遊び（子どもをまねる） ・まねっこ遊び（互いにまねる） ・追いかけっこ遊び
物をはさんで	**4 物を使う遊び**	・もて遊び
物をはさんで	**5 物を使うフォーマット遊び**（65ページ参照）	・積み木遊び ・ボール遊び ・車のやりとり遊び ・操作のあるおもちゃで遊ぶ ・絵本で遊ぶ
イメージをして	**6 象徴遊び**（76ページ参照）	・フォーマットのままごと ・スクリプトのままごと ・スクリプトのふり遊び ・ごっこ遊び
ルールに従って	**7 ルール遊び**	・鬼のある遊び 　（鬼ごっこ、かくれんぼ） ・集団遊び 　（いす取りゲーム、フルーツバスケット、ドッジボール） ・個人ゲーム 　（ジャンケン、すごろく、マッチングゲーム）

み合わせるといった構造にも、弱さが認められます。

　自閉症児は、まずこれらの遊びに対する興味が薄い場合が多く認められます。さらには、「人に食べさせる」や「人形に食べさせる」といった行動が出にくいと言われます。興味の問題でしょうか。加えて、レパートリーの種類が狭いことが指摘されます。

　麻痺や注意の問題から、操作自体に、難しさ不器用さが見られることもあります。操作しようとして、ガチャガチャと物を落としたりすることもあります。そのために、遊びが続かなかったり、気が散りやすくなってしまうこともあります。注意の問題があると、遊びが続かないともいわれます。

4　遊びの具体編

(1)「遊びの実践」の見方

　「5　遊びの実践」では、子どもたちの遊びの発達の道筋と指導について解説していきます。遊びの発達を紹介しつつ、**表3-2**「遊びのレベルと実際の遊びの整理表」からいくつかの遊びの指導について取り上げました。また、ルール遊びについては、今回は省略させていただきます。各遊びの指導について、「大人の悩み」には、よくある大人の感じる悩みや、大人がよく陥る状況について例示してあります。子どもの様子と対応させてみていただくと客観的な状況が、よく分かるかと思われます。

　「子どもが楽しめる遊びの例」「具体的な遊び方」には、具体的な遊びの様子と基本が分かるポイントを示しました。また「解説」には、子どもの弱さや、うまくいったときの様子なども含め、ポイントを示しています。

　さらなる応用のヒントや遊びの感覚をつかんでいただくために、コラムも盛り込みました。参考にしてみてください。

(2) 先生方へ

　「具体的な遊び方」や「解説」には、それぞれの遊びを行なうことでねらうことができる目標のヒントが隠されています。しかし、ねらいを意識しすぎると大人の対応がぎこちなくなることもありますので、具体的に明示しませんでした。ご理解ください。

5 遊びの実践

　この節では、遊びの指導についてのイメージを掴んでいただくために、簡単に子どもたちの遊びの発達についてまとめます。

(1) かかわって遊ぶこと（かかわり遊び〜やりとり遊びへ）

　赤ん坊は生まれてすぐから、人にかかわられることを楽しみます。声を聞き、視線を感じ、ぬくもりを楽しみます。首がすわってくる頃には、揺さぶりにキャッキャと喜びの声を上げ、声や表情での大人の働きかけや、やりとりを楽しみます。声や、視線でのやりとりは、後にイナイイナイバーや手遊びなどに発展していきます。また、社会的な物の扱い方を学ぶ基礎となります。

1）人による受容的な感覚遊び

　高い高い、抱っこ、クルクルまわしてもらったり、揺らしたり、くすぐったりなどは、子どもが大好きな体を使った遊びです。やってもらうのが大好きで、期待して身体を揺すって喜びます。同じような効果を得られる遊びとして、大型遊具を用いた感覚運動遊びを指導に使うこともあります。

2）かかわり遊び

　ちょちちょちアワワ、イナイナイバーなどは、子どもが見て楽しむところから始まり、後に手遊びにつながる遊びです。最初はやってもらって、見て楽しむことから始まります。

3）かかわって遊ぶために（かかわり遊びの指導）

　高い高いをしたり、抱っこしたり、揺らしたり……。子どもは体を使った遊びが大好きです。とりわけ、大人にそれらの遊びをやってもらうのを好み、遊びが始まる前の子どもは、身体を揺すって喜びを表現します。

　トランポリン、バランスボールなど大型遊具や、タオルブランコといった感覚運動遊びも子どもは興味を示すでしょう。このような体を使ったり、大型遊具を使ったりする遊びの中で、子どもは大人に対して期待や要求を膨らましていきます。

1 感覚遊び
体を使った遊び／大型遊具で遊ぶ

子どもの特徴・様子
▷まだ自分の意志を伝えられない（聞き手効果段階：0〜10カ月）。
▷おもちゃを使った遊びでは大人の介入を嫌がる。
▷「高い所に登ったり、飛び跳ねたり、その場でグルグル回ったり、大きな空間に行くと走り回ったり」することを好むが、一つの遊びを飽きずにダラダラと続ける。

大人の悩み
▷子どもが一人で遊んでしまい、大人と遊ぼうとしない。また大人がかかわって遊ぶときは、子どもは楽しそうにしているが、要求が延々と続いてしまう。
▷子どもは大人と視線を合わせずに、直接体を預けてきて遊びを求めるので疲れてしまう。大人は一生懸命かかわっているのに一緒に遊んだ気がしない。

子どもが楽しめる遊びの例

・体を使った遊び

◉高い高い：子どもを空中高く持ち上げ、時に空中に投げあげる。
◉グルグル回し：子どもの両脇を後ろか前から抱え、大人自身を軸に子どもを回す。
◉抱っこ：「おいで」と走り寄る子どもを抱き上げる。子どもを抱っこしグルグル回す。
◉おんぶ：子どもをおんぶして上下に揺らす。揺らしながら一定の距離を歩いたり走る。
◉揺らし：大人が子どもを横抱きできる状態であれば、リズミカルに左右に揺らす。
◉ジャンプ：子どもと両手をつないでジャンプを手伝うか、大人も一緒にジャンプする。
◉手足ブランコ：子どもの手足を持ち空中で揺らす。時に足を持ち逆さにして揺らす。
◉逆さま・逆上がり：子どもの足や体を持ち、逆さにする。時にクルンと一回転させる。

◎ひこうき：大人は寝転がって、手足で子どもを支え、空中でバランスをとる。
※ここでは、ただ「抱っこする」「おんぶする」のではなく、「抱っこすること」
　「おんぶすること」を遊びにする。

・**大型遊具で遊ぶ**
◎トランポリン：子どもが一人でジャンプする。
　子どもと手をつないで一緒にジャンプする。
　大人が子どもを抱っこしてジャンプする。
◎バランスボール（大玉）：子どもが好みそうな姿勢に合わせて
　体を支えて動きを作る（うつぶせ、あおむけで乗る場合は、
　前後に揺らしたり左右に揺らしたりする。座るか立って乗る場合は上下に跳ねたりする）。
◎タオルブランコ：ふとんの上でバスタオルや毛布を敷き、
　その上に子どもが乗り、大人二人でバスタオルや毛布を
　持ち上げて、しばらく揺らしてからふとんに下ろす。
◎のりまき：マットレスで子どもを横向きにグルグル巻きに
　し、マットレスを勢いよく引っ張り、子どもを転がり出す。
◎サンドイッチ：マットレスの間に、子どもをはさんで
　ギュッと押す。
◎回転いす：車輪のついたいすに子どもを乗せ、電車の
　ように押して動かしたり回す。
◎ソファー・ふとんの山の滑り台：子どもの体を逆さに持ち、
　ソファーやふとんの山をあおむけや、うつぶせで滑らせる。

具体的な遊び方……………………………………………………………………

　体を使った感覚遊びや、大型遊具での遊びを大人が援助して体験させながら、ことばかけや歌を使って、遊びのまとまりを作り出す。

　歌やことばかけを伴わせることで、遊びのまとまりを明確にする。延々と続く遊びの中に「区切り」を付ける。くすぐりなども使ってみるとよい。

　また、終わった後、楽しかった気持を分かち合う。もちろん、「終わったこと」を伝えるだけが目的ではない。「一緒に遊んで楽しかったね」という気持ちを表情やことばで子どもに明確に表現する。子どもが、大人の顔を見やすいように高さを合わせることにも注意する。例えば、笑いかける、拍手、バンザイをする、「やった！」などである。

解説

ⓐ子どもは、体を揺らす、回る、くすぐったい感じなどの感覚は好んでいるが、遊んでくれている大人への意識は弱い。大人が意図的に遊びに対して「始め」「終わり」の区切りをつけ、「楽しいことをしてくれたのは大人である」という意識をもたせると、子どもは再度同じ遊びをしたいときに「大人が必要である」ということに気づくことができる。それから子どもは、大人に対してやってほしいという表情・素振りを示したり、手を引いたり、「やって」と要求してくるようになる。

ⓑ子どもとかかわるときは、高さや位置になるべく気を配ることで、子どもの視線が上がり、大人の視線や笑顔といった表情に注目させる。子どもの感じている遊びの楽しさや、次への期待と相まって、「楽しかったね！　一緒だね！」という気持ちや「大人っていいな、好きだな～」という感情が芽生えてくる。

☞ 繰り返しを楽しむ、切れ目を入れる

　子どもたちが繰り返す行動には、好きな刺激が含まれていることが多いものです。しかし、ひたすら飛び跳ね、ひたすらクルクルクルクル回る行動はただの常同行動となってしまいます。ただ子どもがそのような行動を示す中で、ピッと止めてそれっと回したり、手を取って抱っこして一緒に回ってみてください。このような区切りを入れるだけで、立派な遊びの構造ができあがります。子どもの繰り返す行動を、ただひたすら眺めている先生はいませんか。それでは、せっかくの遊びを使った指導のチャンスを逃がしてしまいます。そのうち子どもはその動きが上手になりすぎて、先生の介入チャンスがなくなってしまいます。子どもたちは放っておくと、どんどん自分で技能を上達させていきます。切れ目を入れることで、遊びの構造を作ると同時に、いろいろな変化を楽しめる方向へと導いていきましょう。

☞ 感覚の強さ

　縦揺れ、横揺れ、ぐるぐる、激しく、ゆっくり、優しく、どれくらいがお好みかは子どもによってかなり差があるものです。例えば、くすぐったい場所にしても、その強さにしても、一人ひとり違います。軽く触るだけで緊張して嫌がる子もいます。骨の間にくい込むかと思うほど強くくすぐらないとくすぐったくない子もいます。くすぐりながら、子どもの反応を確認しておくことが重要です。子どもにとって、楽しい感覚刺激の強さを探り出すことが大切なのです。そのことができて、始めて楽しい遊びになります。

　さらに、遊びの予測が付いてくると、大人が構えただけで、子どもはくすぐったそうに身をよじらせたりするから不思議です。むしろ、本当にくすぐるよりも、くすぐったそうだったりします。

第3章　遊びの発達にそって

> ☞ **1回しかやらない場合は、サーキットにしよう！**
>
> 　楽しいことは何度もやりたい。繰り返しは楽しいものです。しつこく繰り返してくれるとこちらも遊ぶのが楽なのですが、3回しか続かなかったり、1回しかやらないと困ってしまいます。「繰り返すことがないんです。先生どうしましょう。1回しかやらないんです」という相談をよく聞きます。しかし、子どもは本当に1回しかやっていないのでしょうか？　改めて子どもの様子をしばらく見てください。滑り台をやって、ブランコをやって、それからドアを見て、鏡を見て、それから……、滑り台に戻って、ブランコをやって……。それぞれの遊びを1回ずつしかやらなくても、サーキット状に並んで遊んでいるということはないですか？
> 　「繰り返し遊ばない」と嘆く前に、大人は子どもの様子を見ることが大切です。そして、基本の遊びの構造、形を見抜くことが重要となってきます。
> 　①トランポリン、②滑り台、③ぶらんこ、④バランスボールそして、また①のトランポリンへ……。ある範囲で繰り返して遊んでいることがわかるかもしれません。そうすれば、それぞれの場所で、どんな遊びを仕掛けるか考え、「それ、次は、ここだ、待ってました」とばかりに遊びを仕掛けます。当然終われば、次の場所へ子どもが遊びに飛んでいくのは当たり前です。何の心配もいりません。
> 　ハラハラしながらひたすら子どもの後ろをついて、追いかけているだけではなく、子どもの繰り返しの行動の特徴をチェックしましょう。1回だけやって、次の遊びに移ったからといって、「その遊具が嫌いだ」「嫌われた」「またダメだった」と単純に評価してはいけません。サーキットをイメージしながら、常に一歩先の活動で子どもの行動を予測しながら待つことがポイントです。

4）物を使わないフォーマット遊び

　見て楽しむところから始まった手遊びや、イナイイナイバーは、やがて子どもが自ら仕掛けてくるようになります。

　また、ボールのやりとりのように、物を使って大人とかかわることを楽しむ遊びがあります。これらの遊びが楽しめるお子さんは、ニコニコと相手にかかわってくることも多いものです。

❸手遊び・体遊び（物を使わないフォーマット遊び）
手遊び（一緒に楽しむ）

> **子どもの特徴・様子**
> ▷指さしや身振りで自分の意志を伝え始める（意図的伝達段階：10～12ヵ月）。
> ▷おもちゃを使った遊びで大人の介入を嫌がる。手遊びの歌や動作に興味をもち始める。
> ▷大人が示す手遊び歌の一部を歌ったり、時々大人の動きをまねようとする。
> ▷大人の手を引いたり、歌の最初の動作を示して歌ってほしいと要求する。

大人の悩み
▷子ども一人で手遊びができない。
▷一人だと勝手に歌ったり、手の動作を正しくできない。

子どもが楽しめる遊びの例

手遊び歌には一つの歌に歌、リズム、動作のまね、創造性と色々な要素が含まれている。ここでは、身振りをまねて楽しむことが加わる。

◉歌を楽しむ、見せる、ゲーム付き、想像性タイプの手遊び：さまざまな手遊びの中で、身振りを見せ、歌を聴かせて楽しませるだけでなく、身振りを一緒にする楽しみや、動作のまねを楽しむことが加わる。
　例：やきいも、グーチョキパーで何作ろう、おおきなくりなど。
◉スキンシップ、体操タイプの手遊び：体を使った大きな動きや、くすぐりを伴った中にも、身振りを一緒にする楽しみや、動作のまねを楽しむことが加わる。
　例：キュウリができた、貨物列車シュシュシュなど。

具体的な遊び方

Ⓐゆっくりしたテンポで歌を進めて、子どもがついてこれるようにする。特に、子どもができそうな動作のところはゆっくり歌を歌い、子どもに動作をする時間を与えてから次のフレーズを歌う。

第3章 遊びの発達にそって

Ⓑ 歌を口ずさめる子どもの場合は、子どもの歌い方に合わせて一緒に歌う。

例：フレーズの最後を伸ばす子どもの場合は、大人も一緒に伸ばして歌う。フレーズの最後の一音だけ歌える子どもの場合は、タイミングを合わせて子どもに歌うチャンスを与える。

Ⓒ 楽しいところだけ繰り返し楽しむ。子どもが歌や動作のある一部が特に好きだったり得意だったりする場合、無理して一曲通しで歌うのではなく、しばらく子どもに合わせてみる。

Ⓓ 歌の最初や途中、子どものできそうな所で、ちょっと止めて待ってみる。この「間」は子どもに何らかの素振りで意志表示をするチャンスを与える。子どもの意志表示は歌や動作の一部をまねる。最初の動作やこれからやりたい動作を示したり、また大人の手を取って続けるように示すなどする。子どもの方から手遊びを始めたり、大人の役割をまねして大人をくすぐってきたりするようになる。例えば、ゲーム付きタイプではジャンケンの勝ち負けで「○○ちゃん勝ち！」で大喜びする。想像性タイプで「パーとパーでチョウチョ」を一緒に作ったら、次は「グーとグーで何作ろう？」と想像し楽しめる。

解説

ⓐ 子どもが手遊び歌が大好きになって、時々声や動作を模倣しようとする子どものための具体策を挙げてみた。この段階は、大人と一緒に「手遊び歌を楽しむ」という関係の上で成り立ち、きちんと「楽しさ」を維持しながら遊びを進める必要がある。

ⓑ 子どもが一部だけでも歌ったり、手遊び歌の動作を行なうことができたら、たくさん褒めてあげる。褒めることで子どもはその手遊び歌を歌ったり、動作をまねることがどんどん楽しくなり、さらにその遊びを取り組むようになる。

ⓒ 大切なのは、上手ではない部分を修正するのではなく、できた部分を認めることである。子どもは大人よりテンポがゆっくりなことが多いので、そのテンポに合わせて進めると子どもが楽しく参加できる。

ⓓ いろいろな曲で歌や動作の模倣が上手にできるようになった子どもは、ゲーム付きタイプや想像性タイプを多く取り入れて、手遊び歌の内容にバリエーションを付けて発展して遊ぶとやりとりがさらに楽しくなる。「バスごっこ」の歌では、切符を渡すまねだけではなく、お客さんを演じてバスの乗り降りのまねをしたりするようになった子どもは、象徴遊び（76ページ）も参考にしてください。

☞ 長い手遊び

　例えば、とても長い歌詞と手遊びがあった場合、最初から最後まで一気に歌ってやらせようとする方いらっしゃいませんか。もちろん、全てを見せて楽しませることが悪いとは言いませんが……。それをただやることだけがうまくいくわけではありません。それに、手遊びを完璧にマスターすることに何の意味があるのでしょうか。

　それよりも、子どもたちが、好きなところや、楽しいところはどこかを見抜くことをお勧めします。その部分を何度も繰り返し楽しむことの方が、大切なときもあります。

　ある部分だけを繰り返すことが、手遊びを楽しみながら覚えるきっかけになることは多いものです。もちろん、最初は、短い手遊びから始めるとよいのですが、長い手遊びであっても、一部だけを抜き出して楽しむことができます。例えば、最後の部分だけを使って「チョコパン一つ下さいな〜、コチョコチョコチョ」とやったり、時には「一本橋こちょこちょ！　コチョコチョコチョ」なんて大胆な省略もありでしょう。

（2）物を使って遊ぶこと（もて遊び〜フォーマット遊びへ）

1）もて遊ぶこと（物の物理的な感覚を楽しむ）

　最初は一人で遊んでいることが、多い遊びです。手が少し使えるようになる頃から、感覚を楽しむ遊びは始まります。物の物理的な特徴を楽しみます。カンカンと音を立てたり、しゃぶったり、落としたりして確かめます。まるで、自分の動作と物の関係を確かめながら、自己の力を確認するかのようです。時には、キラキラと光る光線の加減や、形の美しさを見て楽しみます。

　少し月齢が上がってくると、二つのものを打ち合わせたり、出したり入れたり、合わせたり、並べたり、積んだりしてみます。例えば、最初の頃は、積木があっても積むことをしません。口に入れて、口を使って感触を確かめます。また手を使って、握ったり、触ったりもします。さらには、机の上からバラバラと落としたり、カップに出したり入れたり、音を聞き、見て楽しみながら何度も繰り返します。少し成長して、ようやく積木を積んで遊ぶようになります。積んでは倒しの繰り返し楽しむようになります。

2）物を使うフォーマット遊び

　積木を積んで倒し、大人と共感し笑い合います。ボールや車を走らせて、やりとりして楽しみます。大きめのブロックやジュースの缶などを高く積み上げて倒したりすると、さらに派手で効果的です。

3）物を一つはさんで遊ぶために（物を使うフォーマット遊び）

　あくまで、大人のかかわりの楽しさが基本です。その上で、物をはさんでいきます。物自体で遊ぶことは子どもにとって、よく分かっており、特に面白いほどではない物がよいでしょう。むしろ面白くない物を、かかわりによって、さらに楽しいものに変えるくらいの意気込みと表現が大切です。大人の反応がここでは、子どもの興味の対象です。

5 物を使うフォーマット遊び
積み木遊び

> 子どもの特徴・様子
> ▷まだ自分の意志を伝えられない（聞き手効果段階：0〜10カ月）
> ▷積み木を並べたり、高く積むことを一人で繰り返す。積む、並べることに興味を示す。
> ▷積み木を持ち、見てたり、投げたりもする。家やトンネルなどに見立てて遊べない。

大人の悩み
▷子どもに積んでほしいと指示しても積まない。積み木を横に並べることを繰り返すだけ。高く積もうとやらせると、子どもは怒って積んだ物を壊したり、投げたりする。
▷高く積める子どもに「トンネル作ってごらん」と次のステップを要求するが、大人の言う通りには、遊ぼうとしない。

子どもが楽しめる遊びの例
◎積んで倒して遊べるもので、できれば、投げても落としても安全なものを使用する。
　例：ソフトブロック、牛乳パックの積み木、コップ重ね、ジュースの空き缶など。
◎並べて倒して遊べるもので、できれば、投げても落としても安全なものを使用する。ボーリングのように、立てて並べた物を、ボールや体当たりで倒して遊ぶ。
　例：縦長の積み木やブロック、ジュースの空き缶、ペットボトルなど。

具体的な遊び方
　子どもに「積んで→倒す」という「始まり→終わり」の簡単な構造で遊ぶ楽しさを体験してもらう。積木を積んで倒したり、大きめのブロックや、ジュースの缶などを高く積み上げて倒したりすると、さらに派手で効果的となる。
Ⓐ子どものやることを認めてじゃましないようにする。
　・子どもと同じことをする。子どもと同じペースで大人も積み木を並べたり、高く積んだ

りする。その際、子どもが使っていない積み木を使う。
・**声かけをする。**子どもが作ったものは壊さないで、「1、2、3、4、5……」「ヨイショ、ヨイショ」「なが～い！」とその状態を表すような声かけをする。

Ⓑ「倒す」「崩す」の楽しさを遊び方から見せる。
・大人が積み木を倒しながら「アー、倒れる！」「倒れたー！」とやってみせる。「倒すことが楽しいな」という様子をみてもらう。その際、大人の顔が子どもに見える位置で驚き、楽しい表情を見せることが重要なアピールポイントになる。このとき、子どもが使っていない積み木を使う。
・何回か大人が楽しく倒しているうちに、子どもが「倒してみたいな」と思い始めるので、子どもの様子を見て待ってみる。また、いくつか高く積み木を積んでおくと、自分から倒しにくるかもしれない。
・大人が積んでいる途中で、子どもに積み木を渡してみると、積んでみようとしたり、大人に「積んでほしい」と渡したり、何らかの素振りで意志を伝えてくるかもしれない。

Ⓒいろいろな積み方、並べ方を楽しむ。
　「何か」を作ることにこだわらないで、子どもと一緒に縦、横や色々な形や色の積み木を積んだり、並べたり、組み合わせたりして変化を楽しんでみる。できたものを眺めて子どもと視線を合わせながら「すごいね、いっぱい」「大きく作ったね」と一緒に達成感を共有することも大切である。その後で、「それ～」と一気に崩す。

解説

▶積み木倒し遊びへの導入

ⓐ 大人と一緒に積み木遊びを楽しむことが目的なので、因果関係がわかりやすい積み木倒しが良いきっかけになる。上手に積めない子どもでも楽しめるし、経験しているうちに積んでみようと自分からチャレンジするようになる。

ⓑ 積み木を積む技能を育てることが目的ではない。大人と物をはさんでかかわることが目的である。

ⓒ 大人と一緒に積み木を積む遊びを楽しく遊べるようになってから、見立て遊びに進める。大人と物をはさんで楽しくかかわる中で、社会的な意味に興味をもち、社会的意味の世界、つまり見立ての世界へと入っていく。

▶積み木倒しの応用編

　「倒す」「崩す」といった楽しさをもつ遊びは、積み木倒しだけではない。組み合わせることで、遊びの幅が拡がる。
　　・ボーリング：ボールで、ペットボトルのピンなどを倒す（スロープなども利用する）。
　　・人間ボーリング：スロープを利用してペットボトルのボーリングピンを置き、子どもが箱にのったり、座布団に座って、体当たりして倒すことを楽しむ。
　ボーリングは、ボールでピンを倒していく。子どもたちと遊びでやるときは、よくペットボトルに、大きめの柔らかいボールを使って楽しむ。この普通のボーリングも十分楽しいが、人間ボーリングはさらに楽しい。座布団やクッションにのって、斜面を滑り降りペットボトルのピンへ、一直線につっこみなぎ倒す。ジェットコースターのような大型遊具の楽しさに加え、スリルが味わえる。
　ただし、怖くて二度とやってくれなくなっては困るので、迫力の出しすぎは禁物。段ボールや座布団の後ろをつまんで、スピードを上手にコントロールするのがコツ。

☞ **大人はたくさん積みたいのに、子どもはすぐに崩してしまう場合は？**

　つい、大人は高く積ませたい、何個積ませたいと、「高く積む」という技能に走るようです。でも、いつ倒れるか、いつ倒すか、誰が倒すのか、というハラハラ、ドキドキする緊張感を共有することも楽しさの一つです。子どもが積み木を倒そうとした瞬間に、大人が先に倒してみるのも盛り上がります。また子どもが積み木を崩す前に大人がいかに速く積み上げるかという遊びは、せめぎ合いのすごさを味わうことができます。

☞ **遊びの面白さは、物ではなく、大人の反応で作り出す**

　あくまで、大人のかかわりの楽しさが基本です。その上で、物をはさんでいきます。物自体で遊ぶことは子どもにとって、よく分かっており、特に面白いほどではない物がよいでしょう。むしろ面白くない物を、かかわりによって、さらに楽しいものに変えるくらいの意気込みと表現が大切です。大人の反応がここでは、子どもの興味の対象です。

子どもの特徴・様子
▷まだ自分の意志を伝えられない（聞き手効果段階：0～10ヵ月）
▷車が好きな子ども。一人で車を走らせて遊んでいる。
大人の悩み
▷大人の参加を、受け入れてくれない。

▷車を横に並べるだけや、床で寝そべってみているだけなど、やりとりにならず、遊びが発展しない。

子どもが楽しめる遊びの例

斜面や雨樋（あまどい）で、車や電車を走らせる。

◎競争タイプ：「ヨーイドン」で競争させる。
◎一斉タイプ：たくさんの車を一斉に走らせる。その迫力を楽しむ。
◎スタートーストップ・タイプ：途中に信号や踏切などをもうける。
◎やりとりタイプ：車をボール遊びのように、行ったり来たりさせる。
※ペットボトルや牛乳パックを使ったスロープや、雨樋（あまどい）、片方の脚を折ったローテーブルを利用することができる。

具体的な遊び方

Ⓐまず、子どもの使っていない車を走らせて見せる。
Ⓑことばかけ：「いくよ」「ヨーイドン」→「シュー」「ビューン」→「ゴール」「ぶつかった」「ひっくりかえった」など、車の動きにあわせてオーバーな音調で表現する。最後に「やった！」「ざんねん！」など子どもと視線を合わせて共感をするように心がけると、子どもがやりとり相手の大人への意識が強くなる。
Ⓒ子どもが興味を示すようになると、大人のまねをして、持っていた車を斜面で走らせてみたくなる。両方の車の動きや大人の反応を見たりするようになる。「次、誰の番かな？」「次どの車にしようかな？」といろいろな期待をし、遊びが楽しくなっていく。

ⓓまた、一緒にレースのようにスタートラインに車を並べ「よーい、ドン」の合図に合わせて、車を走らせ「どっちが速いかな」「○○ちゃんが速いな！」と楽しい雰囲気を演出できるチャンスがたくさん含まれている。

解説……………………………………………………………………………………………………
ⓐ遊びの始まりと終わりを明確にし、車が動く楽しさを共有する。斜面を作り、車を滑らせる。平面と違って、車を頂点に置いて手を放すだけで車が斜面から勢いよく走り抜けるので、動きがありスリルを感じる。遊びの始まりと終わりのメリハリもできてくる。

ⓑ子どもが車を全部並べてしまう前に、斜面で滑らせる遊びを横で大人が提示してみせることで、車の動きの楽しさを子どもに気付かせることができる。大人のオーバーアクションによって、一人よりも大人と遊んだ方が楽しいことに気づく。

ⓒ簡単な構造で遊ぶことによって遊びにそったことばの表現ができるので、子どもがことばを取り入れやすい。
　例：スタートラインで「よーい」と言ってしばらく間をあけると、子どもが「ドン」と言って車を走らせる。

ⓓゴールに、トンネルや障がい物などを追加すると、遊びのバリエーションが増えて遊び方を拡げることができる。

◆車のやりとりの応用編〈積み木の電車〉
子どもが楽しめる遊びの例……………………………………………………………………
◉並べた積み木を指で止めて置いて、「出発、進行」などかけ声とともに斜面を滑らせて遊ぶ。
◉並べた積み木を、トンネルや衝立(ついたて)の陰や隙間へ滑り込ませる。「○○えき、3番ホームに電車が到着で～す」。
◉平行に走らせるだけでなく、並べた積み木を上り列車と、下り列車をすれ違わせる。これは迫力がでる。
◉雨樋(あまどい)などのスロープの場合にゴール地点で待ちかまえていて、勾配を変えることでスタート地点へ、車やボールを送り返すことができる。スロープを利用するとガイド付きのボールや車のやりとりのコースにもなる。

具体的な遊び方……………………………………………………………………………………
Ⓐ横に積み木を並べる子どもは電車に見立ててみせる。子どもが横一列に並べた積み木の隣で、同じように積み木を横一列に並べてみる。それを押して走らせるように見せる。「ガタンゴトン、ガタンゴトン」と電車に見立てて擬音を付けてみる。時には「カンカンカン」と踏切の音を付けてさえぎり、「ストップ、停止信号です」「○○駅！ ○○駅！」などと、子どもの興味を引かせる。
Ⓑ積み木やソフトブロックでトンネルを作って遊ぶ。子どもに「トンネル作って」と言うだけではイメージが伝わりにくいので、うまく遊ぶことはできない。やはり大人自身が「トンネル」をいかにイメージして遊ぶかである。ミニカーや汽車のおもちゃが、作ったトンネルをくぐると面白くなる。

解説

▶ 見立て遊びへの導入（プロローグ）

　子ども自身が自分からまだ見立てることはできない。大人が遊びの流れにそって、実際に動かして遊んで見せることで、イメージする楽しさを伝えることができる。だが、ここではあくまで雰囲気作り、演出として用いる。大人の迫真の演技が必要な条件である。

☞ 線路は何が走る？／スライド・アプローチ

　線路を走るのは、電車、特急列車、地下鉄、車……車！？　まあいいですか。中央線、西武線、新幹線、汽車、だいこん……ええ！だいこん！？　これはちがいますね。ニヤニヤしながら、トマト、キャベツ！？　違う、違う、これは、野菜で～す。

　このような場面では、ニヤニヤしながら走らせるのがコツです。その表情に気付かない子どもは、何と無着苦茶なことをするのかと怒ってしまいます。認知的にも、余裕がない子どもには、何をしてるのかと呆気にとられかねませんので注意しましょう。

　こんなばかなことをやりながら、雨樋のレールの上は、たくさんの物が滑り降りていきます。今度は、動物、パオー！

　とても電車が好きで、電車しか興味をもたないお子さんがいました。しかし、電車のように、ガタンゴトンと動物のカードが滑っていき、タイヤのように、ころころと野菜が転がっていくと、とりあえず受け入れたり、喜んだりしてくれました。

　最後は、「用意、ドン、それ～！」と、車や電車の競争です。「今度は、パトカーと消防車と中央線、よ～い、ドン！」「１ば～ん！中央線」なんてやってみました。最初は電車が遊びのテーマだったのですが……。

　こうなればしめたもの、大人がかかわる中で、少しずつ受け入れられる遊びの幅や興味の幅を拡げつつ、遊びのチャンスをうかがいます。車に動物や人形を乗せて、車を走らせてみる。本人の興味や好みを大切にして遊びにいかしつつ、少しずつ幅を拡げたり、遊びを変えたりしていきます。スロープを使っているからとは言いませんが、これこそ「スライド・アプローチ」というものです。

第3章　遊びの発達にそって

👉 スロープに使えるもの

　ボールなど転がるものはもちろん、果物、食べ物の模型から、かたはめ、動物、乗り物、食べ物の絵カードなど、なんでも滑り降ります。たまには、滑り台にして、子どもも、車と一緒に滑り降りてきます。
　以下は、スロープとして使えるもののリストです。
- 滑り台（子供用）：無い場合は、洋風の戸板をテーブルに立てかけると大きくて、しっかりとした滑り台ができあがります。
- 折りたたみのテーブル：片方の脚をたたんで使います。
- 雨樋（あまどい）：日曜大工の店で買うことができます。以外と安価です。
- 牛乳パックや、ペットボトルをつないで作ったコース

　戸板の滑り台を大型遊具として使いたいときには、すべりが悪いことがあります。そんなときには、段ボール箱に入ったり、座布団に座って滑ると迫力が増します。また、段ボール箱や座布団が遊びの目印にもなるので、子どもには分かりやすく、大人はコントロールしやすいという利点もあります。

👉 繰り返し遊びの楽しさは?

　ダラダラと続く遊びにただ切れ目を入れて、繰り返し同じことをすればよいと勘違いしていらっしゃる方いませんか。微妙な変化や、はぐらかしを入れてこそ楽しさが出てきます。指導するには、まず大人が物を管理することから始まります。次に遊びのポイントはどこか、雰囲気を盛り上げるポイントはどこか、子どもがもっとも楽しみにしているポイントを探します。
　さて、味付けは、毎回同じことをしていたら、面白さは出てきません。そこで「変化を持たせましょう」というと、いきなり物を変えたり、他の構造にしてしまう人がいます。ちょっと待ってください。フォーマットの面白さを持たせるための、変化のポイントは、タイミング、はぐらかしです。
　そのことを、理解していただくために、ここで一つ、簡単な練習課題をご紹介します。みなさんがよくご存じのイナイイナイバーを使って練習してみましょう。イナイイナイバーと全く同じように3回続けてやってみてください。どこが面白いですか？　ただ、まったく同じ調子で3回繰り返したのでは、面白くも何ともないはずです。タイミングを変えたり、声の調子や、表情を変えたりすることで、面白さがでてきます。みなさんはどこまで変化をつけられますか？

☞ 遊びの構造のおけいこシート

「積み木倒し」でお稽古シートを記入してみましょう。

遊びの名前： 積み木倒し					
遊びの構造		設　定	開　始	終　了	共　感
		たかいたかいするよ	積　む	倒　す	笑い合う
大人	ことば	たかいたかい○するよ○	○トン一つ、二つ…○	バーン	倒れちゃったね○笑う○
	動作	○積み木を○打ち合わせる	○積み木を○渡す／積む		
子供	ことば			○ノー○	アー
	動作	見る	積み木を受取る／積む	○積み木を○くずす	笑いながら、母親を指さす

今後に向けて

　積み木を打ち合わせたり、声かけをすると、注意を引けることがある。積み木を渡すと受け取り積むので、積み木を積んだり倒したりすることは分かり、繰り返すので楽しめている。

　物だけを見て遊ぶのではなく、大人の顔を見ながら遊ぶように、提示の仕方を工夫してみよう。積み木を渡すときに、子どもの視線が大人の顔に来るような位置に、提示してみよう。倒した後、「倒れちゃった」と笑いかけながら、積み木を提示するようにしたとき、次の回の期待を持ちながら見てくれたり、大人の笑顔に気が付いてくれるだろうか。積み木を打ち合わせたりして、視線を上げさせることもできるかもしれない。子どもの笑顔がでにくいようであれば、あえて少しくすぐったり、「やったー」と手をつないで回ってみるなど、運動の感覚も使ってより分かりやすく、共感の部分を強調して、一緒に遊びを楽しんでいることを、アピールしてみよう。

（3）ふりをする遊び（象徴遊びの始まり）

1）ままごとの始まり

　1歳を少し過ぎる頃には、ままごとが始まります。蓋を閉めたり、皿に蓋をかぶせたり、確認するような遊び方をします。コップをお皿にのせたり、スプーンとコップを一緒に使ったり、そしてスプーンで食べるまねやコップで飲むまねをし始めます。さらに、お母さんに食べさせたり、人形を寝かせたりします。

　このように食べるまねやそそぐふりといった同じ行為の繰り返しが、フォーマットのままごとです。

2）道具の用途にそった本来の使い方（機能的使用と機能的関連操作）

　機能的使用とは、道具の用途にそった本来の使い方をすることです（コップで飲む、スプーンで食べるなど）。機能的関連操作とは、二つのものを機能にそって（やかんに蓋をするなど）関連させることです。

3）ままごとの中の繰り返し（単一行為連鎖）

　お茶碗で飲んで、コップで飲んで、スプーンで飲んで、ついでにきゅうすから直接飲むという子どもの姿も見かけます。しかし、大人は、すぐに先のレベル（そそいで飲む、切って食べるなど）に進みたくなります。でも、待ってください。この時期の子どもたちは、ひたすら同じ行動を繰り返して楽しむこと（単一行為連鎖）が好きなのです。そしてフォーマットでの繰り返しの中で指導することが適切です。

4）誰がやるの？（自己対象、他者対象そして受動的他者）

　自分で食べる（自己対象）。人形に食べさせる。お母さんに食べさせる。そのときに、口の中にスプーンを思いっきりつっこまれた経験ありませんか。「食べさせる相手」として、自分の行為の受け手として、大人や人形を使います（他者対象・受動的他者）。人形やお母さんに食べさせたりします。

5）ままごとでかかわって遊ぶために（フォーマットのままごと）

　物を一つはさんでも、かかわりによって面白さを十分出せて遊べるようであれば、次の段階が目指せます。子どもが、フォーマット、簡単な遊びの構造をもった遊びができるようになってきたら、社会的な物の使い方、物の機能にそった使い方に配慮しながら、

フォーマット遊びを発展させていきます。

　食べるまねやそそぐふりといった同じ行為を繰り返し、ままごとをして遊びます。フォーマットのままごとです。ポイントは、「焼いて―食べる」といった流れを作るのではなく、同じことを繰り返し楽しむことにあります。

　その中で、かかわりによって、十分に表現の違いが楽しめるほど遊び込んでいきます。意味の違いによる面白さ、同じ構造なのに使う物によって反応が違うことを、十分に楽しませ、大人の反応に常に注目するように遊び込んでいきます。

6 象徴遊び
フォーマットのままごと

> **子どもの特徴・様子**
> ▷単語が出始めた時期（命題伝達段階：1歳〜）
> ▷ままごと道具の使い方はできるが、長く続かなかったり、つながりがなかったりする。
> ▷ままごとが好きだが、やりとりにならない。
> **大人の悩み**
> ▷遊びが続くようにいろいろ教えても子どもが取り入れてくれない。
> ▷子どもは一人で楽しく遊んでいるが、大人が参加することを嫌がる。

子どもが楽しめる遊びの例………………………………………………………

◉テーマ「切る」
　例：子どもが大根を切る。大人は「トントン」と言い「切れたね」と共有する。次に、子どもはかぼちゃを切る。「トントン」「お〜切れたあ」と共有する。さらに、にんじんを切る。「こんどは、にんじん！」「切れた〜」と共有する。
　　子どもが、ひたすら切り続けている場合、切れたタイミングに合わせて、お皿をさし出したり、次の材料をさし出したりしながら、しっかりと顔を見合わせ共感する。

◉テーマ「焼く」
　例：子どもが食べ物を焼くとき、大人は「ジュージュー」と言い、「できたね」と共感する。できるたびに「アチチだね」と受け取りながら「フウフウ」と言ったりしながら続ける。

◉テーマ「食べる」「飲む」
　例：食べるは、「アーン（いただきます）→パクパク→あーおいしい」が、一つのセ

ットになる。基本はこれをひたすら繰り返す。二人で、一緒に食べ続けたり、飲み続けたりすることもできる。「バクバク……」とオーバーに食べ散らかしたり派手なアクションをしながら、楽しそうに食べ、「おいしかった」と言う。「こんどはおかわり！　パクッ、あー辛い！」と、レベルに合わせ表現も変えやすい。

◎テーマ「ぬいぐるみや人形を使う」

例：ぬいぐるみを子どもに向け、声色を変え「アムアム」と動かし、おいしそうに食べる。手にはめるハンドマペットやぬいぐるみは、派手な動きをしながらついでにぬいぐるみでくすぐったりするとさらに楽しくなる。特に、人形を怖がる子どもは、動物のぬいぐるみや好きなテレビのキャラクターを使うと良い。

具体的な遊び方

Ⓐ道具をシンプルにする。切るセット、焼くセット、食べるセット、飲むセット（78ページのおもちゃリスト参照）は同時に使わないようにする。まず、子どもが好きそうなセットだけを一つ遊ぶ。

Ⓑ流れを短くする。調理から食べるまでの長い流れで進むのではなく、ある一場面をひたすら繰り返して楽しむ。

Ⓒ基本のかかわり方は、豊かに流れを言語化することである。大人は、子どもの行為にそって言語化をする。子どもの行為を受けてコメントする。このコメントが非常に重要である。大人は、子どもの行為に強く関心をもっていることを、子どもにアピールするために、大人は感情を込めて、抑揚豊かに言う。

Ⓓ楽しいやりとりが、遊びを成立させるポイントである。食べたり、飲んだりした後の大人の反応やことばのかけ方が重要である。「おいしい」は基本形だが、単調で繰り返すとつまらなくなるので、抑揚・音調、言い方や感情の込め方に変化をつけると楽しさを維持できる。また、「おいしい」の他に「すっぱい」「あまい」「からい」「まずい」「もっと」「嫌だ」など子どもの理解能力に合わせてバリエーションをつけてみる。

解説

[a]基本は、物を用いた簡単な遊びフォーマットである。基本は、ひたすら同じ行為を繰り返して遊ぶことである。「食べる」ならひたすら二人で食べることになる。従って、子どもは道具の機能にそった使い方がわかるが、道具が多すぎたり何種類も混ざったりすると、ちょっと遊んでは次の道具へ移ってしまい、遊びにまとまりがなくなるので、道

具をシンプルにする。

ⓑやりとりが成立するのには、楽しさが絶対条件なので、楽しい雰囲気を演出できるかどうかが子どもの気持ちを大人に向けさせる決め手になる。ままごととはいえ、あくまでフォーマットであるから、遊びとしての構造は非常に簡単である。それだけに表現が大切になる。擬音、擬態語、大げさなアクションやジェスチャーなど、表現には十分注意する。

ⓒ以上のような配慮をしても、大人のかかわりを嫌がったり遊びへの興味が湧かない子どもは、まだフォーマットのままごと遊びが無理な可能性が高い。そのような場合は無理にかかわらないで、子どもの一人遊びと位置づけて尊重する。まず、この前の段階の遊びの中から、かかわって一緒に楽しめる遊びを見つける方がよい。

ⓓ人形を寝かしつけたり、「寝る−起きる」を繰り返したり、お風呂に入れたりと、生活におけるフォーマットのままごとのテーマには、ことかかない。他のテーマについては、スクリプトのままごと（80ページ）も参照するとよい。

▶フォーマットのままごとのためのおもちゃリスト
　各セットごとに、箱やカゴに入れて大人が管理し、遊ぶときに一つずつ出すようにする。
・食べ物模型：食べ物模型5〜6種類程度を、見えるようにカゴか箱に入れておく。
・切るセット：包丁、お皿2枚（まな板）
・焼くセット：フライパン、フライ返し（スプーンなどでも代用可）、お皿2枚
・食べるセット：お皿2枚（おちゃわんでもよい）、スプーン2本
・飲むセット：やかん（ティーポットやきゅうすでもよい）、カップ2個
・人形（3体）：あかちゃんの人形、動物のぬいぐるみ、手にはめるハンドマペット（口がパクパク開くものだと楽しい）などが使いやすい。ただし、子どもが抱えられないほど大きいぬいぐるみや指人形は避ける。平行した形でモデルを提示する必要がある子どもや、一緒に動作をすることで共鳴性を使って、遊びの共有の楽しさを出す場合には、2セット用意するのがよい。

☞ フォーマットのままごととスクリプトのままごと

ハラハラしながら積木を積んでは、倒れるのを楽しむ。このような遊びは、繰り返しを子どもと一緒に楽しむことができます。しかし、ままごとですと、次々と食べて「あー、おいしい」と何度も繰り返す子どもに対して、大人は、切って→炒めて→並べて→「いただきます」して→食べて→「ごちそうさま」して→お片づけね、と次々と話の流れを先へ進めてしまいます。これをスクリプトのままごとと呼んでいます。また子どもは、最初の時期、ひたすら食べることを繰り返して楽しむ時期があるのです。これがフォーマットのままごとです。このままごとは、一見すると同じままごとと呼ばれますが、まったくレベル的には異なっているのです。

☞ バリエーションがつけられない

フォーマットのままごとは、慣れないとひたすら食べるだけを、繰り返すことになってしまいます。それが楽しいと遊んでくれる子どもはよいのですが、これではあまり楽しくありません。食べる遊びは先生、○○ちゃん、わんちゃん、人形など登場人物を変えて工夫しても長続きしないことがあります。

フォーマットのままごとでは、物を使った簡単なフォーマット遊びのときのように、うまくバリエーションを付けられず、タイミングや音調など非言語を意識することができなくなる大人がいます。いわゆる感覚がつかめないのです。もう一度、フォーマット遊びの基本練習、音調やタイミングの練習に戻る必要があります。

同じ「おいしい」の表現であっても、「あ〜、おいしい」「う〜ん、お〜いしい」「お、お、おいしい」と迫真の演技をしながら豊かに表現して欲しいのです。

6）模倣と芽生え

言語や、遊びへの誘いかけに応じて、自発的にはできなくても、モデルを示すと、やってくれる子どもがいます。理解はできるが、興味が薄い場合もあります。物の感覚的な側面にひたすら引かれている状態よりは、模倣する行動ができることは、より遊びを発展させやすい状態です。試しながら、やりとりしながら、社会的な使い方を学んでいきます。

(4) スクリプトのままごと
1) 連鎖のもつ意味（構成）
　さて、この頃は、そろそろ二つの行為をつなげ始める段階となります。そそいで飲む、混ぜて食べる、乾杯して飲むなど、構成的な要素が入ってきます。スクリプトのままごと、二語文へのアプローチ、意味の世界に位置づけていくことの始まりです。

　一つの気に入った行為を繰り返すことと違い、時間の流れにそって論理的に順序よく行為を再現することが必要です。ポイントは、一つ付け加えることで、流れや関係に気付かせていくことです。行動間の意味的なつながり、論理的なつながりに少しずつ気付き始め、「切って」→「煮る・焼く」→「食べる」といった大切なポイントを理解することが重要なこととなってきます。

2) 計画的連鎖
　ままごと中、子どもはあらかじめ「コーヒー」「スパゲッティ」などと言って作ります。計画的連鎖は、音声での表示がないと見抜くのが難しい面もあります。しかし、大がかりな食事場面のセッティングや、切って、炒めて、盛りつけるといった長い連鎖を再生する子どもは、内的な計画性、イメージをもっていることがうかがわれます。

　子どもは感心させられるほど、日常の親の家事の様子を上手に再現するようになっていきます。調理場面と食事場面を結合したりして、大掛かりになっていきます。

6 象徴遊び
スクリプトのままごと

子どもの特徴・様子
▷単語が多く見られる、二語文が出始める（2歳前後〜）。
▷フォーマットのままごと遊びが楽しめる。
▷同じ遊び方を繰り返し、自分では発展しない、またはできない。
大人の悩み
▷遊びを発展させたいが、どうしたらいいかわからない。
▷次の流れに促してものってこない。

第3章　遊びの発達にそって

子どもが楽しめる遊びの例 ………………………………………………………………

▶簡単な二つのフォーマットの結合

　スクリプトのままごとは、フォーマットのままごとの応用編といえる。例：「切る」と「炒める」、「炒める」と「食べる」を組み合わせて、繰り返していく。ときには、子どもが作って、人形や大人が食べてみる。子どもの興味によって分担される場合がある。たまに、大人が一緒に食べようと誘うと、子どももつき合うこともある。その中で、「おいしかった」など、大人がフォーマットの遊びで例示した表現のモデルを取り入れる。

▶生活の中のテーマで手順にそって遊ぶ

　日常よく経験することを題材にする。終盤は、これらが結びついたり（例えば、買い物して料理して食べるなど）内容もかなり細かく、複雑で詳細なものまで生じる。

◉テーマ「食事」
　例：「いただきます」で始まる。一つ目のフォーマットは、ご飯を食べる。二つ目のフォーマットは、ケーキやデザートを食べる。そして、「ごちそうさま」で終わる。ご飯を食べるときは、「ご飯おいしいね」「スープあついね」「ケーキ食べよう」「お茶いる？」などと表現してみる。人形にも食べさせる場合は「赤ちゃんおいしかったね」「みんなでごちそうさま」と話しかけてみる。食事の中だけでも、さまざまな話題が取り込まれて、複雑になる余地がある。

◉テーマ「調理」
　例：「切る」「作る（煮る・焼く）」「チンする」「盛りつける」などのテーマがある。

◉テーマ「お出かけ・散歩」
　例：ベビーカーに人形を乗せてお散歩にいく。お出かけ、お買い物などがある。ベビーカーや鞄などの小物で雰囲気を出す。

◉テーマ「お風呂」
　例：カゴや段ボール箱をお風呂にして、積み木やソフトブロックを石鹸にして遊ぶ。石鹸でゴシゴシと人形を洗う振りをする。バスタオルを見せて、「お風呂あがるよ」と抱っこして拭いてあげると楽しい。

◉テーマ「就寝」
　例：布団、枕を使って「ねんねしよう」と誘う。人形をトントンと寝かしつけ、「もう寝た？」と演技を楽しむ。「朝だよ、起きて」「おはよう」とやりとりを楽しむ。

◉テーマ「お誕生日」
　例：身近な話題で「ハッピバースディ……」の歌付きでとり入れられる。ケーキのろうそ

くを吹き消し、切り分けて食べるなどパーティを楽しむ。「食事」のフォーマットなどと結合する。

具体的な遊び方
Ⓐ基本のかかわり方
　まず、前の段階のいろいろな「フォーマットのままごと」で遊べるようにする（76ページ参照）。大人が一緒に参加してかかわって遊ぶことが大切なので、監督のように「○○して」と指図ばかりすると面白くなくなる。
Ⓑ声かけのポイント
　「誰が何をする」「どういうふうにする」と遊びの流れに合わせて、「赤ちゃんも食べて」「お風呂あついね」「ゴシゴシ、気持ちいいね」「お散歩、いってらっしゃい」など。状況をことばで表現して意味付けていく。
Ⓒ遊び方のポイント
　二つのフォーマットのままごとをつなげるところから始まる。一つ目の切り目のよいところでもう一つを提案する。この時点では、まだフォーマットのままごとを結合して、繰り返す遊びにすぎない。フォーマットのままごととの規模が拡大して、複雑化しただけである。さらに、日常の流れに沿って「おやすみ」「いってきます」といった挨拶の開始と終わりがハッキリし始めるとそれらしくなってくる。

解説
ⓐ二つのフォーマットを行ったり来たりして楽しむ時期がある。最初、子どもは時間の流れにそって論理的に遊びをまだ展開できない。日常よく経験する様々な場面を一緒に再現するとイメージが湧いてきて楽しく遊べる。しかし、一旦気に入ったフォーマットができるとそれを何度も繰り返すことがある。これは、実はとても大切な練習になる。ここで、大人から提案したもう一つのフォーマットで遊んでみて、楽しければしばらく二つの間を行き来する。段々上手に遊べるようになると、流れもしっかりつながり、スクリプトらしくなっていく。
ⓑ流れをどんどん長くしないこと。大人は時間軸や場面の流れを重視して、三つ目、四つ目の場面へグイグイと引っ張る傾向がある。しかし子どもがついて来られないことが多い。新しいモデルや提案を示した後、必ず子どもが自発的に進んで遊ぼうとするかどうかを確認する。

c フォーマット自体がより細かく精密な遊び方ややりとりになっていく。
　例：「目玉焼きを焼く」は、たまごを割る→フライパンで焼く→塩コショウをかける。
　　　「コーヒーを飲む」は、コーヒーにお砂糖やミルクを入れる→スプーンでかき混ぜる→「フーフー」と冷ますまねをする→飲む。

(5) スクリプトのふり遊び（日常からトピックへ）

1) 日常経験の再現

　子どもは、毎日の経験を再現するようになります。機能的に道具の使い方を知っていることを示すというよりは、日常を再現します。子どもは、母親や父親や赤ちゃんの象徴遊びをするようになります。

2) お医者さんごっこ・お買い物ごっこ・先生ごっこ

　さらに、2歳6カ月頃になると、医者や病気あるいは、園での先生のまねといった特に印象的な出来事を表現し始めます。子どもは、役割交代の合図もなしに、次々と役割を演じていきます。あるときは、母親であり、次は部屋で診察するお医者さんと演じ続けていくこともあります。

6 象徴遊び
スクリプトのふり遊び

> **子どもの特徴・様子**
> ▷二～三語文を話す。簡単な会話ができ始める。
> ▷スクリプトのままごとを楽しめている。
> ▷身近の人の役割に興味をもち、役を演じて遊ぶ。
> ▷好きなお話のストーリーを再現して楽しむ。
>
> **大人の悩み**
> ▷片方の役だけ演じる。相談せずコロコロ役が代わってしまう。大人を無視して一人で二つの役を演じてしまう。決めたセリフを大人に言わせる。大人は振り回された感じで一緒に遊んでいる気がしない。

子どもが楽しめる遊びの例……………………………………………………………
　子どもは小道具に左右されて役を取ることが多いので、簡単な小道具、ぬいぐるみや人

形を用意する。
- ◉病院「お医者さんと病人」：主に子どもの好きな役は、お医者さんである。聴診器で胸をトントンする。薬を出したり、注射をする。体温計を脇にはさむと、病人役になったりする。
- ◉買い物「お店やさんとお客さん」：子どもは、買い物かごを見ると、お客さんになりたがり、レジを見ると、お店の人をやりたくなる。子どもがカゴを持って買い物をするとき、「いらっしゃいませ」「下さいな」と言いながら店頭に並んだ物を、カゴにドンドン入れるように促し、レジで「ありがとうございました」とやりとりする。子どもがお店の人をやるとき、大人は子どもが買った品物をレジに通し、「おいくらですか」「○○円です」や「はい、お金」「ありがとうございました」といったやりとりをする。それからまた繰り返し「買い物」をする。
- ◉学校、保育園、幼稚園「先生と生徒」：子どもは、ランドセルがあれば、ランドセルを背負って生徒役をする。いすが並んでいれば、大人を座らせて先生役をする。「いってきます」「いってらっしゃい」とランドセルを背負って学校に行く。「○○くん」「はい」と名前を呼んだりする。毎朝の歌を歌い合ったりする。
- ◉乗り物「運転手と乗客」：実際に乗れる三輪車や、コンビカーで運転手役をやる。三輪車やコンビカーで、カゴにぬいぐるみをお客さんとして乗せたりして演じる。大人は、ガソリンスタンドの店員になり、「いらっしゃいませ」とガソリンを入れてあげたりする。

具体的な遊び方

Ⓐ**大人がしっかり子どもの相手役を演じること**。例えば、子どもがお医者さんしか演じない場合は、まず大人が病人役になり診察を受ける。次はぬいぐるみや人形を使い、病人役を複数にして、順番に子どもの相手をする。この際キャラクターの特徴を演じ分けるとさらに面白くなる。片方だけを演じる子どもは、相手の役のモデルを見て「これなら、やってみたい」と思うようになり、役割を交替するようなる。ただし、子どもは、まだ役割についての意識は弱かったり、興味が偏っていたりする。大人は、自分の「役の常識」を押しつけるのは、控えるべきである。例えば、子どもは売る役に興味はあるが、客の注文に応じるというルールはまだわからない。自分が好きな物を押し売りしたり、注文されたのに、それと違う物を出したりする場合がある。そのときは、大人は固く否定しないで、笑って「アレ？　これ注文してないよ！」と言って子どもに気づかせてみる。それでも押し売りをしてくるなら、「これがおすすめなの？　じゃ買うわ」と、子

どもの興味に合わせる。子どもは売りたい物を買ってもらえると、満足感が得られて、次の大人の注文を聞き入れてくれることが多い。

Ⓑ**大人はセリフを上手に使うことで、子どもと役割を分かち合っていくようにする**。子どもが一人で遊んでいる、あるいは子どもが一人で全部を演じる場合がある。例えば、くまさんの人形を相手に、自分で「いたいよ」と言って自分で「薬塗ろうね」と薬を塗ろうとする。これは、子どもの一人遊びである。そんなとき、「お母さんは病人ね」などと役割を明言せずに、それらしいセリフを言うとよい。人形を持ってきて薬を塗ろうとする子どもに、「足が痛いよ」と大人がくまさんのセリフを言うことで入り込んでいく。あるいは、「くまさん怪我をしたね、どれどれ見せて、どこが痛いの？」などと大人が医者の役になり演じていく。子どもが「足が痛い」と答えてくれれば、「じゃ薬塗るね、ぬりぬり」「お大事に」と誘導しながら遊びの中で役割のまとまりを示していく。子どもは自分の役を楽しく続けることで、大人をやりとり相手として強く意識する。

Ⓒ**決まったセリフを尊重しながら、少しずつ変化を起こす**。子どもは、セリフを記憶することは得意だが、やりとりが苦手な場合が多い。最初はなるべく子どもに合わせて参加する。そのうち、人形やぬいぐるみを使って同じ役割、同じ内容でも、セリフに少しずつ違いをもたせる。

　　例：子どもが、病人に要求するセリフとして「痛いよ、先生助けて！」と言ったら、最初はウサギが「痛いよ、先生助けて！」と言う。次はくまが「痛〜い、先生！」と言う。次はきりんが「足が痛いよ、薬塗って下さい！」と言う。次はぞうさんが「頭が痛いよ、先生、風邪ですか？」のように基本の意味を維持しながら、表現の幅を拡げていく。

　ただし、やりとりは好きだが、セリフがうまく出てこない場合もある。そのようなときは、普段のことば使いに近いことばでやりとりする方がよい。

Ⓓ**簡単な繰り返しがある絵本から始めてみる**。絵本を再現して遊ぶ場合はストーリーが長いものよりも、簡単な繰り返しがあるものを選び、一緒に読んで楽しんでから再現する。一定の構造の繰り返しの場合、無理にストーリーを進めたり、必死に難しいセリフを言うことなく子どもとストーリーを共有できる。オチのところで一緒に笑い合えるようにしかける。例えば、『大きなかぶ』を演じるのに、カゴの中のぬいぐるみを次々と呼び出す。「おーい、犬さん」「ハーイ」で「うんとこしょ、どっこいしょ」と繰り返しながら、次々人形を抱える。「アンパンマ〜ン」などキャラクターが登場することだってできる。このように、エッセンスを単純化した形で再現して遊ぶのも良い。最後は、人形

と子どもを抱っこしてひっくり返る、など楽しく遊んでみる。セリフにこだわる要素が強いのであれば、『のせてのせて』といったセリフの少ない絵本で遊ぶのもよい。このような繰り返しの多い絵本なら、ふり遊びで一緒に楽しむことができる。

Ⓔ大人の介入を嫌がる子どもはまだ大人が一緒にストーリーを共有して楽しむことが難しいので、基本はもう一つ前の段階の「スクリプトのままごと」のレベルでやりとりができるようにする（80ページ参照）。

解説

ⓐ子どもは役割へのあこがれをもっているから、それを演じたいと望む。セリフやパターンを覚えているが、目の前の大人と役割を分け合って演じたり、その場でアドリブ的なことばで表現できない場合がある。大人が監督になって、ことばで「○○役だからこう言うんだよ」と言っても子どもはまだ理解できないし、面白くなくなってしまう。まず、大人が相手役を明確に演じることで、楽しみながら子どもは両者の役の違いを区別できるようになる。

ⓑぬいぐるみや人形を上手に使うことで、子どもは役割や立場をより理解できる。複数のぬいぐるみや人形を使えばコンパクトに、繰り返し練習ができる。しかも、楽しい場面が何回も繰り返し味わえる。短い時間でも満足すれば、次の遊びの変化を受け入れやすくなる。

ⓒセリフの正確さにこだわらないようにする。役になりきって演じることは面白さを作り出すのに欠かせない要素だが、セリフの正確さに固執しやすい子どもには、なるべくセリフに幅をもたせて、子どもに理解できる程度で変化をつける。

☞ 遊びの中のデフォルメ

　子どもは、自分の気に入っている場面を事細かに演じますが、あまり興味がないことは、なおざりにしてしまいます。ときには、全く省略されてしまうこともあります。そんなときでも、大人はしっかりとした筋立てをもっているので、レストランごっこのレジ一つをとっても、「『少々お待ちください』でしょ！」「ほら計算して。お金でしょ！」「レシートとお釣り渡して！」「『ありがとうございました』は？」と、いちいちうるさく言ったりします。こうなると、楽しい遊びも台無しです。
　大人がお店の人をやっているときに、上手にモデルを示すか。子どもと一緒にお店の人をやりながら、さりげなくサポートするのがポイントです。お店の人として、さりげなく「ありがとうございました。またのご来店、お待ちしております」とアシストしながら見本を見せてあげます。大人が、子どものあこがれの店員さんになれるようなら合格です。

第3章　遊びの発達にそって

（6）ごっこ遊びからルールのある遊びへ

1）ごっこ遊び（ストーリー性を持ち始めること）

　3歳頃になると、子どもは、食事を作る手順を細かく再現します。例えば「粉を混ぜて→ケーキを焼き→配膳をして→食べます」と表現できるようになります。細かな表現も、構成も複雑になり、計画性を持ち始めます。さらに、ストーリー性なども入ってきます。ストーリーは長くなり、選ばれるテーマも拡がります。事故で救急車を呼び、病院へ行って、手術を行なうことまで発展します。これらふりの中で起こってくる出来事は、次々と展開されていきますが、前もって計画されたものではありません。

　子どもは、特に強く印象に残ったことや、興味をもったことを再現します。それぞれの興味や理解の仕方が、ごっこ遊びのエピソードにも反映されます。

　4歳の子どもになると、さまざまな状況を仮定することができるようになり始めるでしょう。言語でも「もし」ということが理解でき始めます。「おなかが減ったらどうする」と尋ねられて「おなかへってないもん」と答えることはなくなります。

　ごっこのゴールデンエイジと呼ばれる4、5歳児になると、表現は細かくなり、子どもは今までの経験による知識と同時に、空想力や想像力を駆使します。憧れの気持ちが、子どもたちの心を動かし、そのテーマも、自分の生活をそのまま再現するレベルから、ファンタジーやヒーローものなど、ほとんどを空想力と構成力を駆使するレベルまで拡がります。

2）ごっこ遊び・ふり遊びの楽しさ

　「○○ちゃん何してるの？」と尋ねると「○○ちゃんじゃない。お・か・あ・さん」と答えるような○○ちゃんでもあり、お母さんでもある状態を加用（1990）は融合状態と名付けました。ごっこは、自分と役とが未分化に融け合い、子どもは現実と虚構「ウソッコ」の間を揺れ動きます。

　自分とは別の何かである「別なもの」になることは、今の自分にはないものを、行為や姿やことばを借りて自分に付け加えることです。結果的に、子どもはなろうとした対象とよく似た行動をすることがあります。それが模倣と見え「役割を演じる」ように見えます。また、理想化され、あり得ないことなどを、本物以上の姿で創造することもできます。いつもとは違う自分になることができ、感覚的に「かっこいい」自分を味わうことができるのです。

　4歳頃から「ウソッコ」ということばで、「ウソ」という遊びの行動と「ホント」と

いう遊びでない現実の行動を区別します。3歳児は「なりきり」4歳児は「らしく演じよう」とするのです。心理的に「ウソッコ」と「ホント」が融合したり分化したり揺れ動きます。

3）ごっこ遊び・「つもり」の伝え合い（セリフとト書き発話）
　子ども同士のごっこ遊びは、「つもり」の伝え合いがあって始めて成り立ちます。ごっこ遊びは「つもり」を伝え合う豊かな対話の世界なのです。
　「コーヒーどうぞ」といってさし出したとき、その状況に周りの子どもたちは、そのことを理解したりしなかったりするでしょう。知らんぷりしたり、分からなかったり、意味を取り違えたり、あるいはすぐに応じてくれたり、とさまざまです。自分の「つもり」が、以心伝心では伝わらないことがあるとき、より明確な形のコミュニケーションをとることが必要です。
　ごっこあそびは伝達意図が曖昧でも、相手が共通の状況にいて了解してくれれば、通じ合えます。しかし、通じなかったりすれ違ったりする場合もたくさんあります。通じない経験をするからこそ、子どもは、状況や期待や意図を伝えようとするのです。「わたし、いまミルクいれてるのよ」と、ごっこの中でセリフを使って状況を伝えることがあります。あるいは、「これいくらです、と言って！」とごっこの世界枠から一時はずれて言って欲しいことを明確に示したりします。これをト書き発話と言います。このように、自分の思いを伝え合うことで、友達とのごっこ遊びは楽しさを増していきます。

（7）ルールのある遊び
1）ごっこ遊びとルール遊び
　「ここは診察室」「ここはスーパー」とごっこ遊びの中で、子どもは自分たちで独自にルール、約束事を作り出し、それを守ります。子ども同士のごっこ遊びは、明確に意識されないながら、ルール遊びと同じように、強固なルールをもっています。子どもたちは、ごっこ遊びに熱中し、ごっこ遊びで習得したルールを守る力を使って、厳しいルールのあるゲームやスポーツに興ずるまでになっていきます。
　しかし、ルール遊びは、ルールを守ることが楽しいのではありません。ルールという規制された中で、対立や競い合うことを楽しみます。鬼ごっこであれば鬼と子といった、対立を楽しむ遊びなのです。
　子どもは、ルール遊びの中では、勝つか負けるかのハラハラドキドキの世界を体験し

ます。勝てば満面の笑みを浮かべ、負ければ本気で怒ります。それでも、めげずに次の日も挑戦してきます。

　２歳児は、「コラー」とか「ウォー」と叫んで追いかけてきた鬼を素朴に怖がることがあります。３歳児は、つかまると泣き出したり、怒り出したりします。まるで捕まえた方が悪いと言わんばかりです。４、５歳児になると、だんだんそういうことは少なくなるようですが、完全に「負けても平気」になれるほど、大人にはなれません。ことと次第によっては、小学生だって泣き出すし、大人だって不機嫌になります。頭では分かっていても、その場になると「感情が……気持ちが許さない」のです。

　ところが、弱さをもつ子は、どうしても失敗経験や、負ける経験の方が多くなります。そうすると、次に挑戦しようという気持ちが萎えてしまうようです。

2）ゲームへの誘い（負けるが勝ち）

　まず簡単なルールを理解することから始めます。最初は、確実にできるマッチングゲーム（２×２くらいの簡単な神経衰弱）のルールから入ります。確実にできることから始めるのです。すごろくならば、簡単なルールを理解し、そのルールに従って駒を動かすことから始めます。サイコロの出た目の数進む、お休みといった基本ルールを理解させ、ゴールを目指すことが目標です。そのゴールへ向かう過程を楽しませるのです。

　勝ち負けを経験させるにも、いつもは、ゲームは勝つために努力するのですが、この際、大人は子どもに勝たせるために、負けるために努力します。時には、わざとあがらないといったズルも駆け引きの内です。そうして、たっぷりと勝つ楽しさを味合わせることがポイントです。

3）「遊びだ」というサイン

　ことばや表情、大げさな身振りによって「これは、遊びだ」（ベイトソン（1955）によれば「This is play」）「うそっこだよ」ということが、相手に頻繁に伝えられます。

　人の場合には、１歳前後から、かみつき、ひっぱたき、髪ひっぱりができるようになり、危険人物となりその必要性は高まります。ところが、子どもの周りには常に大人がいて、攻撃力があっても、過度な行使は大人によって制限されます。本人自身が、相手に信号を出して、「これは遊びだ」とか「これは本気だ」とか区別する必要がないのです。ときには、やっている本人も、はたしてどっちなのか、相手にも本人にも分からなくなったりします。何がなんだか分からないというのもある意味人間の実態のようです。

さらに、ルールやプランによって、遊びが構成されると、遊んでいる間は、「これは遊びだ」とサインを交わすことが少なくなります。ルールの元で競っているときは「本気になっている」とも言えるのです。
　ルールやプランからの違反が面白くて笑ったり、けんかになったりします。

4）プライドの学校
　カルタ、鬼ごっこ、ドッジボールなどいわゆるルールのある遊びは、対立関係を楽しむ遊びです。参加者のプライドを根底から揺さぶります。
　例えば、カルタは絵を手掛かりにすれば3歳くらいでも十分に楽しめます。ただし、「お目当ての絵を他人に取られた」と、怒り心頭、爆発して、全部放り投げ「もうやんない！」とへそを曲げてしまうことも、よくあります。
　そこで、良い手があります。二人でチームを組ませます。チームで競い合うのです。意外にもチームさえうまく組めれば、味方が取ると「やった、やった！」と大喜びし、他のチームの子に取られると「いいもんね〜だ」と味方同士慰め合い、結構頑張ります。
　ドッジボール、陣取り、その他のルール遊びでは、集団の勝利や、敗北を自己の勝利や敗北のように受け止め喜んだり、悔しがったり、ときには大喧嘩にまで進みます。集団がプライドをもっているかのように、子どもたちを揺さぶっていくのです。
　ルール遊びには勝利もあれば負けもある。勝利の喜びの背後に負けた相手の悲しみがあり、ちょっとズルをしてことを運べば、味方から「やった、やった！」と感嘆の声があがり、敵からは「ズルイ」と責められます。味方の子が「おまえらだって、さっきやったろ！」と応酬します。でも、心の片隅では、敵方の言い分にも正当性があると知っているのです。そこには、いろいろと複雑な思いや、やりとりがあるのです。いろいろあったけど、とにかく面白かったなあと共感しあえる中で、お互いがお互いのプライドを揺さぶり合って、そして高め合っていくのです。
　ルール遊びは、お互いのプライドを揺さぶり合うことを通じて、つまらないことには目をつぶるが、しかし、ここぞという大事な問題には断固として望んでいくことのできる。そういうメリハリの効いたプライドの持ち主に成長するための学校、社会性の成長のための学校なのです。

第3章 遊びの発達にそって

【参考文献】
◇太田一貴・林琦慧（2000）遊びの発達評価．INREAL研究, 10, 83-100
◇太田一貴・林琦慧（2001）会話能力の援助―やりとりから言語使用へ―．シリーズ言語臨床事例集 第2巻 言語発達遅滞(1). pp.57-80. 学苑社.
◇ピアジェ,J． 谷村覚訳（1983）知能の誕生．ミネルヴァ書房．
◇ピアジェ,J． 大伴茂訳（1988）遊びの心理学．ミネルヴァ書房．
◇ショプラー,E他編 伊藤英夫監訳（1996）幼児期の自閉症―発達と診断および指導法―．学苑社．
◇高野清純・林邦雄編著（1975）図説児童心理学事典．学苑社．
◇竹田契一監修 里見恵子・河内清美・石井喜代香著（2005）実践インリアルアプローチ事例集．日本文化科学社．

【読書案内】
●遊び関係
①「遊び」についてわかりやすく、具体的に書かれている読みやすい本です。
　◇加用文男（1990）子ども心と秋の空―保育の中の遊び論―．ひとなる書房．
　◇河崎道夫（1994）新保育論③あそびのひみつ―指導と理論の新展開―．ひとなる書房．
②対人的な遊びの発達について、わかりやすく取り上げられている章を含む本です。
　◇河崎道夫編著（1983）子どもの遊びと発達．ひとなる書房．
　◇山崎愛世・心理科学研究会編著（1991）遊びの発達心理学―保育実践と発達研究をむすぶ―．萌文社．
③ふり遊びの発達について、わかりやすく取り上げられている章を含む本です。
　◇高橋たまき（1984）乳幼児の遊び―その発達プロセス―．新曜社．
　◇高橋たまき（1993）子どものふり遊びの世界―現実世界と想像世界の発達―．ブレーン出版．

●コミュニケーション指導
①ことばの発達を促すおもちゃや教材を紹介している本です。
　◇こどもとことばの発達問題研究会（1990）ことばの発達を促す手作り教材．学苑社．
②インリアル・アプローチについてさらに勉強されたい方にお薦めの本です。
　◇竹田契一・里見恵子（1994）インリアル・アプローチ．日本文化科学社．
　◇竹田契一監修 里見恵子・河内清美・石井喜代香著（2005）実践インリアル・アプローチ事例集．日本文化科学社．
③お母さんのために、ことばを育てるためのノウハウをエッセイ風にまとめた本です。
　◇中川信子（1986）ことばをはぐくむ―発達に遅れのある子どもたちのために―．ぶどう社．
　◇中川信子（1990）心をことばにのせて―子どもとのいい関係とことばの育ち―．ぶどう社．

【資料】 コミュニケーションの発達段階と遊び

【伝達手段】	【遊び】
聞き手効果段階 0;3～0;4 　泣く 　笑う 　体を動かす 　視線（直接見る） 0;6 　座位がとれ始める 0;8 　三項関係がわかる 　物の受け取りができる 　クレーンがでる 　物をみせる **意図的伝達段階** 0;10 　視線＋発声＋（クレーン） 　視線＋発声＋物をみせる 　視線＋発声＋指さし 　視線＋発声＋物を渡す 　視線＋発声＋ジェスチャー **命題伝達段階** 1;0 　ことば（ジェスチャー） 　指さし＋ことば **文と会話段階** 1;6～2;0 　文の始まり 　簡単な会話の始まり 　質問への応答 　（うなずき、くびを横にふる） 3;0～6;0 　質問による知識の拡大 　会話の展開 　会話の修正 　社会的意味合い理解 　社会的ことば遣い	〈受動的遊び〉 ＊遊び（フォーマット）を設定する [感覚遊び] 　・揺らし遊び 　・くすぐり遊び 　・高い高い 　・ぐるぐる回し [やりとり遊び]　＊遊びの設定をする 　・イナイイナイバー 　・手遊び 　・ミラリング・モニタリング 〈自発的遊び〉 [物を使わない遊び] 　・手遊びや体操の模倣 [物を使った遊び] ＊遊び（フォーマット）の援助をする 　・ブロックはずし遊び 　・積み木倒し 　・ボールや車のやりとり 　・簡単な操作のあるおもちゃ 　・絵本を見、読んでもらう [象徴遊び] ＊ことば遣いと遊びの援助をする 　・ままごと 　・人形遊び 　・くるま、電車遊び 　・見立て遊び [スクリプトに添ったふり遊び] ＊役割とことば遣いのモデルを示す 　・お医者さんごっこ 　・お店屋さんごっこ [集団ゲーム] ＊参加のためのルールとことば遣いのモデルを示す 　・鬼ごっこ 　・フルーツバスケット

＊は大人の援助を示している。

出典：竹田契一監修　里見恵子・河内清美・石井喜代香著（2005）『実践インリアル・アプローチ事例集』（26ページ）日本文化科学社

第4章 応用行動分析学(ABA)による遊びの支援

奥田　健次

1　最適な遊びを創り出す大人になるために

　本書の1章の図1-1では、子どもにとって楽しい活動や遊びの中で、『認知能力』の側面と、『コミュニケーション能力』の側面がバランスよく絡み合って、言語などの発達が促進されるイメージが示されています。発達障がい、とりわけ自閉症児の遊びをみてみると、興味関心に偏りがあったり、対人的な遊びが困難だったりします。自閉症児といっても、障がいの程度や好みがそれぞれ違うので、遊びについても一人ひとり丁寧に細かく観察していく必要があります。こうした考えは、子どもの「能力」という側面での考え方といえるでしょう。

　一方で、支援者側の「能力」についても、大いに問われるのではないでしょうか。一般的な言い方をすれば、「子どもと遊ぶのがうまい人、下手な人」がいるように、子どもとの遊びのうまさは、遊び手の大人の「能力」とみることもできるのです。子どもの「能力」がどのような状態であろうと、その子ども一人ひとりに合わせて、最適な遊びを創り出すのは大人です。そして、特に「子どものコミュニケーション能力」を考える場合、対人コミュニケーションは他者とのやりとりですので、「支援者のコミュニケーション能力」も問われなければなりません。

　本章では、このような支援者側のかかわり方を浮き彫りにしていきたいと思います。

　子どもを支援する立場にある大人は、いかに子どもと遊ぶか、子どもの遊びを発展させるか、そしてその中で学習や発達をうまく促進できるかということを、十分に身に付けておくことが望ましいといえます。近年、子どもの遊びを拡大・発展させていくためのアプローチが数多く開発されており、いずれも後ほど述べる『行動の原理』が取り入れられています。

2　『教えること』ができても、『遊ぶこと』ができない

　大学や大学院で学生の指導をしていて思うことは、具体的な目標を設定した言語学習

課題やアカデミックスキル課題（例えば、長文エコーの課題や2ケタの筆算など）をプログラム通り実施できるようになるまでには、それほど時間はかかりません。学校の先生や保護者に指導する場合でも、大まかなことは見よう見まねで覚えてくれます。つまり、教えること（子どもにとっては学ぶこと）が明確であればあるほど、誰にでもできるものなのです。

　ところが、子どもと自由に遊ぶこと、遊びの中で子どもの発達を促進する行動を引き出すことについては、いわゆる「うまい－下手」の差が激しく現れてきます。学校の先生でも保護者でも「ただ気ままに遊んでいるだけ」の人ならたくさんいます。一方、遊びを課題として教える場合（例えば、ジャンケンとかトランプなど）には、課題としてプログラムが組まれているなら「うまい－下手」の差はさほど現れてきません。プログラムを設定していない時間帯や、プログラムの想定していた範囲外の状況で、子どもと自由に過ごして遊ぶということのほうが難しいので、ここで「うまい－下手」の差が現れてきます。

　大学の相談室で予定していた課題が早く終わったとき、ちょっとした時間をもてあますことがあります。決められたプログラムをテキパキこなせても、こうした予定外の時間に少々困惑する大学院生の姿を見かけます。サマースクールや療育キャンプ、きょうだいの会などで、休み時間や空き時間ができたときにうまく遊べる人とそうでない人に分かれます。

　なぜ、こういうことが起こるのでしょうか。それは、あらかじめ設定したプログラムは当日の子どもの状態いかんにかかわらず、準備したメニューを実行していくのに対し、自由時間はその日その時の子どもの状態にあわせて、アドリブでかかわらなければならない違いがあるからでしょう。筆者は、「物がなくても即興で子どもと遊ぶこと」ができるよう、学生やセラピスト候補生を指導しています。おもちゃやゲームで遊ぶことは、それほど難しくないことですが、何も持たず子どもと二人きりになって、その場で楽しい遊びを創り上げるためにはアドリブが必要となってきます。こうした力をつけていくことは大切なことなのです。

　それが難しいことと分かっていても、よりよい支援を行なうためには、こうしたアド

リブのスキルを高めていく必要があるのです。上に述べたように、アドリブに必要なことは、刻一刻と変化する子どもの状態をつぶさに見ること、そしてその状態に応じて適切な支援を行なうことなのです。これは結局、セラピストにとっての基本的な資質であるといえます。

3 自閉症児のAちゃん

　3歳の自閉症児、Aちゃんは有意味な発話はありません。家の中でも、通園施設の中でも、一人遊びばかりでした。筆者のところに来たとき、プレイルームの端っこで、ずっとおもちゃを並べているだけでした。

　Aちゃんの動きをよく見てみると、オセロの駒を木箱の中に一つずつ入れていることが分かりました。筆者が近づいても、見向きもせず、ひたすらオセロの駒を木箱に入れています。筆者は、Aちゃんの邪魔にならないよう、さりげなくオセロの駒の山から駒を一つ取り、Aちゃんが自分の持っている駒を木箱に入れた直後（Aちゃんの手が空いた瞬間）、次の駒を取りに行く寸前に黙って手渡しました。Aちゃんは、何の抵抗もなく、筆者から駒を受け取ってくれました。その後、Aちゃんが自分で駒を一つ取って木箱に入れ、次は筆者の手から駒を受け取って木箱に入れる流れができました。このとき、筆者はAちゃんにとってベルトコンベアーの一部になったようなものなのでしょう。

　しばらく、このようなAちゃんの繰り返し動作に付き合った筆者は、わざと「故障」してみました。Aちゃんが筆者の手からオセロの駒を取ろうとしたとき、筆者は少し駒を強く握って、取りにくくしてみました。ここで初めて、Aちゃんは筆者の顔を見て目が合いました。目が合った直後、筆者はさっきまでと同じように駒を渡しました。次の機会、筆者は駒を渡す前に『両手をほっぺた』の動作をして見せました。Aちゃんは無視したので、筆者はAちゃんの両手をガイドしてほんの一瞬だけ筆者と同じ動作をさせた直後、駒を渡しました。さらに、次の機会、同じことをしてみると、なんと筆者のガイドなしにAちゃんは『両手ほっぺた』の動作模倣ができました。そして、さらに次の機会、筆者が「バイバイ」と言ってみると、なんとAちゃんも「バッバーイ」と言えま

した。もちろん、これらの行動の直後にAちゃんには駒を渡しています（「直後に渡す」というのがポイントで、さじ加減を間違えると嫌がられます）。一緒に見ていたお母さんは、まさか初めて来た日に音声模倣までできるようになるとは思ってもいなかったそうです。

　筆者は、初期的にはこういう方法を使うことがあります。つまり、パターン遊びを好む子どもに接する際、筆者はまずロボットのようになるのです。子どものパターンの一部に入り込むためには、子どもが受け入れやすい役割を演じるのが一番だからです。今まで、お母さんは必死で一緒に遊ぼうと誘い続けていたのですが、それは残念ながらAちゃんにとっては受け入れにくいかかわりだったのでしょう。「電車で遊ぼ!?　ほら、こっちにあるよ。ねえ、車がいいの？　そうなんだ、一人で遊ぶんだ……」など、声かけをし過ぎると、その状況から逃げ出すために、余計に一人遊びに没頭する場合があります。

　まずは、子どもの好みの流れに、大人が付き合ってみる。そういう姿勢が必要だという事例を紹介しました。

4　行動分析を使って遊びの相互作用を組み立てよう

（1）行動の原理

　行動分析学（Behavior Analysis）は、あらゆる行動を対象にして、さまざまな問題解決に役立つ『行動の原理』を科学的に明らかにしてきました。応用行動分析学（ABA）といって、発達障がい児のセラピーにも用いられますが、行動の原理の応用ですので、専門分野・領域を問わず有効です。例えば、音楽療法（5章）のように理論的な背景が異なるものでも、そこに子どもの行動やセラピストの行動があるならば、セラピストが知らず知らずのうちに行動の原理の影響を受け、また与えているのです。相互関係がさまざまに変化していくのがその証拠です。

　行動分析学では、行動を行為そのものだけで見ていくのではなく、行動の直前と直後の変化を含めて、行動と言っています。分かりやすく図示すると、以下のようになります。これを行動随伴性と言います。

　まず、行動を見ます。駒を受け取るという行動ですが、その直前はまだ受け取る行動をしていないわけですから、オセロの駒は子どもの手の中にありません。駒を受け取った直後、オセロの駒が子どもの手の中に入ります。つまり、子どもはオセロの駒を得たわけです。子どもが、この行動を繰り返し行なっている場合、この行動は増加している

第4章　応用行動分析学（ABA）による遊びの支援

直前条件	行動	直後条件
オセロの駒なし	駒を受け取る	オセロの駒あり

といえます。行動が増加することを強化といいます。

　次に、直前条件と直後条件を見比べて下さい。この例では、「なし」が「あり」になっています。ある行動をすることで、「なし→あり」と環境が変化することを「出現（提示）」といいます。何が出現したのでしょう。この場合、「オセロの駒」が出現したことになります。

　もう一つ、別の例を考えてみましょう。生後4ヵ月の赤ちゃんが、ガラガラを振ります。振ると、心地よい鈴の音が鳴ります。赤ちゃんは、さらにガラガラを振るようになりました。この例でも、行動の直前と直後を見比べてみると、「なし→あり」に変化していることが分かります。行動が増加しているので、これも強化の例です。鈴の音が出現することによって、ガラガラを振る行動が強化されたわけです。

直前条件	行動	直後条件
鈴の音なし	ガラガラを振る	鈴の音あり

　このように、行動が近い将来、起こりやすくなる事実を強化と呼ぶのは、先にも述べた通りです。こうした強化の事実が起こったとき、何らかの刺激や出来事が出現しているわけですが、この刺激や出来事のことを好子（98ページ　コラム参照）と呼びます。オセロの駒の例ではオセロの駒が好子、ガラガラの例では鈴の音が好子だったといえます。

　行動の原理は、他にもまだありますが、本書では『楽しい遊びから学ぶ』ことをテーマにしているので、この二つの例のような「好子出現による強化」を中心に論じたいと思います。

■コラム■

好子か、強化子か？

　行動分析学の教科書を見てみると、難しい用語がよく使われています。難しくても覚えてしまえば、問題ありません。ところが、用語が統一されていないという別の問題があるのです。

　例えば、「好子」という用語も、教科書によっては「強化子」「強化刺激」「強化因子」など、異なる場合があります。筆者も、今までかかわってきた著書の中で、必ずしも「好子」という用語を使用してきたわけではありません。

　本書では、「好子」と表記することにしました。子どもによって、「好み」のものには共通のものもあれば、その子どもにとって価値があっても他の子どもにとって価値がないものもあります。例えば、ある男の子にとって昆虫カードは好子になることがあっても、ほとんどの女の子には好子にならないような場合です。

　また、状況によって好子の価値が変わることもあります。食べ物や飲み物は、お腹が空いているときやのどが渇いているときに、好子としての価値が高まります。でも、食べ過ぎたり飲み過ぎたりしたときには、食べ物や飲み物の好子としての価値がしばらく低下します。遊びの場合、飽きてしまうと好子としての価値が低下します。

　発達障がいのある子どもにとって、意外なものが好子になることもあります。例えば、新聞広告の端っこを三角に切った紙切れを大切にする自閉症児もいました。逆に、好子になりそうでならないものもあります。例えば、「褒めことば」です。ある子どもは、お母さんの甲高い褒めことばを嫌がってしまい、そのときにしていた望ましい行動をしなくなりました。こういうことは少なくありません。その子どもにとっては、お母さんの高い声（いつもと調子が少し違う声）が「嫌子」として働いていたということです。

　これらのことから、子どもにとって最初から「好子」や「嫌子」が決まっているのではなく、行動の直後に出現してその行動が将来増加したときにはじめて、それが好子であったと分かるのです。

　さらに詳しく行動分析学について理解したい人は、『行動分析学入門』（杉山尚子、集英社新書）をお読み下さい。

（2）困った行動も強化されます

　さて、子どもが身に付けていく行動は、必ずしも周囲の大人や仲間にとって望ましいものばかりではありません。いわゆる、ちょっと困った行動から、行動障がいと呼ばれる激しい自傷や攻撃、破壊行動なども、かかわり方次第で強化されることもあります。

　また例を挙げてみましょう。4歳のB君は、積み木やブロックなどの小物を投げることがあります。他の園児に当たったり、蛍光灯を割ったりして危険なため、担当の先生は保護者と相談した上で、厳しく叱るという対応をすることになりました。しかし、叱った後は少し効き目があるのか『物投げ』は減ってきた感じもしますが、またときどき投げてしまうのです。結局は、1年近く経ってもこの問題は解消されずに、筆者のところに相談にやってきました。詳しい状況を確かめるため、「厳しく叱ったら、どんな様子ですか？」と聞くと、「その場では投げなくはなりますが、少しニヤッと笑っているかもしれません」とのことでした。この行動は長い期間、維持していることから、何らかの強化の行動随伴性があるのでしょう。

　その他、いろいろなことを聞いてみると、どうやらB君は「かまってほしい」という気持ちが強いようなのです。ここまで分かってきたならば、行動随伴性で図示してみれば、どんなことが起こっていたのかが見えてきます。

直前条件	行動	直後条件
先生の注目なし	物を投げる	先生の注目あり

　強化されているのは、物を投げるという行動です。そして、直前と直後を見比べると、「先生の注目」が出現しています。つまり、物を投げることによって、先生の注目という好子が出現している『好子出現による強化』の事実が考えられます。

　ここで注意が必要なのは、子どもが物を投げた直後、大人にとっては罰のつもりで厳しく叱っていたのですが、子どもにとっては「大人からのかかわり」という社会的な注目を得ることになっているという点です。このようなことは、大人が想像している以上によくあることなのです。こうした「注意引き」をする子どもに、いくら叱ったとして

も、子どもにとっては大人がかかわってくれた、つまり「かかわり遊び」になってしまうわけなのです。大人は「子どもの困った行動」と言いながら、実はそういう大人のかかわり方が、子どもの行動を強化しているわけなのです。だからこれは「大人の困った行動」でもあるわけです。これこそ、相互作用なのです。

（3）対処方法について

　このように行動随伴性を使って子どもの行動（そして、大人のかかわり）を図示していくと、対処方法が見えてきます。B君の場合、「物を投げても注目しなければいい」となります。理論上は、その通りかもしれません。でも、実際問題として、物を投げる子どもを放っておくわけにもいきません。大人は一歩進んで子どもの「動機」を考慮しなければなりません。B君の場合、要するに「大人に注目されたい」「もっと構ってほしい」という気持ちがあるわけです。

　よく見てみると、B君はいつも物を投げているわけではありません。誰でも、問題行動を何時間も続けられるものではないのです。今まで、園の先生や保護者は、B君が落ち着いているときには、そうっとしていたそうです。新しい方法としては、B君が落ち着いて遊んでいるとき、具体的には積み木を並べたり積んだり、ブロックで何か作っているときに、思いっきりかかわっていくことにしました。

直前条件	行動	直後条件
先生の注目なし	ブロックで適切に遊ぶ	先生の注目あり

　そして、物を投げてしまった場合は、無視するわけにはいかないので、担当の先生が無言で園長室に連れて行くことにしました。園長室には誰もいませんので、誰からのかかわりも得られません。物を投げる行動に対する新しい対処法を図示すると、次のようになります。

第4章 応用行動分析学(ABA)による遊びの支援

直前条件	行動	直後条件
みんなと一緒の場面 あり	物を投げる	みんなと一緒の場面 なし

　これは、物を投げたら誰もいない園長室に連れて行かれるため、みんなと一緒にいることができなくなるという行動随伴性です。B君にとって、みんなと一緒にいる場面は好子であり、物を投げた結果、この好子は取り去られてしまいます。このように、楽しい場面から一定時間隔離されることは、「タイムアウト」と呼ばれています。アイスホッケーの競技では、反則をした選手は一定時間、ペナルティーとしてプレーから外されてしまいます。選手にとって、プレーに参加できることは好子なので、ホッケーの選手はなるべく反則しないようにギリギリのプレーをしています。

　B君の例に戻りますが、園長室に行くことが楽しいことでは効果はありません。効果がないどころか、かえって物を投げる行動が増える可能性があります（好子出現による強化）。ですから、単純にどこかに隔離すれば良いという考え方ではなく、それが子どもにとって効き目があるのかどうか、一人ひとりの子どもの様子をみて考えていかなければなりません。

　基本は、適切な行動を選びだし、それを実行させ、そして十分に認めてあげることです。それと同時に、子どもの行動によって大人のかかわりに差をつけていくと、好子を得られる行動は増え、好子が得られないか失われる結果に結び付く行動は減ります。

　もちろん、こうした対処方法を実践現場で実行する場合、事前に行動分析学の専門家や保護者との話し合いに基づいていることが条件です。

5　自閉症児の遊び

(1) 子どもにとっての遊びとは

　自閉症の診断基準をみても分かるように、自閉症児の遊びは興味や活動の範囲が限定的なものです。健常児の場合、かなり自由自在に幅広く新しい遊びを取り入れていけます。しかし、多くの自閉症児の場合、気に入った遊びは何時間でもやりますが、新しい

遊びになかなか興味を示しません。また、知的障がいを伴う自閉症児の場合、遊び自体に感覚的なものが多く、連合遊びや協同遊びのように他者とかかわる遊びではなく、一人遊びや感覚遊びに没頭することが多いのです。
　保護者や教師にとっては、「なぜ、こんな変なことをしているのか？」「同じことばっかり繰り返している」「なかなか遊ばない」と、悩みの種だったりするのです。人によっては「問題行動」や「不適切行動」とみなし、止めさせるべき行動と思うかもしれません。例えば、短い紐をクルクル回す自閉症児がいました。お母さんにとっては、常同行動や自己刺激行動と捉えていたため、不適切な行動と考えて対処していました。お母さんにとって、この紐をあやとりで遊んでくれたら、あるいは紐を線路に見立てて遊んでくれたなら、きっと喜んだに違いありません。このお母さんにとっては、「紐をクルクル」は遊びではなく、問題行動だったのです。
　しかし、この子どもはなぜこんな行動を続けるのでしょうか。また行動随伴性から見てみましょう。紐をクルクル回すことによって、何らかの感覚刺激が出現しています。この場合の感覚刺激は、もしかしたら指先に感じる刺激かもしれませんし、自分の目の前でクルクル回る紐がもたらす視覚的な刺激かもしれません。クルクル回したときだけ、この独特な感覚刺激が得られるわけです。

直前条件	行動	直後条件
感覚刺激なし	紐をクルクル回す	感覚刺激あり

　この子どもにとって、紐をクルクル回す行動が高頻度で維持しているのは、いくつかの感覚刺激という好子の出現があるためです。分かりやすい言い方をすれば、この子どもは自分の好きな刺激を得るために、こうした行動を続けているといえます。
　自閉症でない人にとっては、「なんと変わった行動をし続けるのか」と思うものですが、行動をし続けるのには理由があるわけです。自閉症児であろうとなかろうと、行動の原理がはたらいており、強化という事実があるのです。

第4章 応用行動分析学(ABA)による遊びの支援

(2)「物を使った遊び」を止めさせないで

　行動の原理の観点から考えれば、大人の目から見てそれが遊びに見えなくても、子どもには好子を得るために自発的にしているわけですから、「遊び」といってよいのではないでしょうか。本来、遊びというものは、「どんな行為をしているか」で定義すべきものではなく、「どんな目的でしているか」という、機能を重視した定義がなされるべきです。いとこの女の子が遊びに来たとき、男の子にままごとを付き合わせた場合、この男の子は「お母さんに怒られないために」とか「お母さんを失望させないために」という目的で、ままごとをやってくれるかもしれません。これは一見、遊びのように見えても遊びとはいえないかもしれません。

　子どもの生活年齢(実年齢)が3歳だったとしても、自閉症児の場合、発達のアンバランスがあるために、『遊び年齢』が低いことがよくあります。物を振って遊んでいる子どもの場合、遊びの発達年齢がもしかしたら0歳3ヵ月程度かもしれません。実際、3ヵ月の赤ちゃんに、紐を並べさせて電車の見立て遊びを一生懸命に教える親はいないと思います。

　なお、筆者の経験ですが、自閉症児の遊びが表面上、常同行動のように見えるからといって、叱って止めさせようとしないほうが良いでしょう。特に、原初的な「遊び」についていえば、「自分の体だけで完結する遊び」と「物を使った遊び」があり、後者の「物を使った遊び」のほうが発達的には高次な段階につながっていきます。紐をクルクルやっているから紐を隠したり、電話帳をペラペラ触っている手を叩いてやめさせたりしないほうがよいのです。

　「物を使った遊び」は、外界に働きかける活動であり、外界からのフィードバックによって強化されていきます。強化されればされるほど、外界に対する働きかけが増える可能性もあります。具体的には、子どもが紐をクルクル回している間、お母さんが「クルクルクル……」と言い続け、子どもがクルクル回しを止めたらお母さんも黙ります。子どもがまた回し始めたら「クルクル……」と言います。さらに、紐は見えるけれども届かないところに置いておき、子どもが紐で遊びたいと思ったときに、お母さんは簡単な模倣をさせてみます。子どもが模倣をしたら、紐を渡してあげましょう。このように、物遊びを通してさまざまなかかわりを作ることができるのです。

104

第4章　応用行動分析学（ABA）による遊びの支援

直前条件	行動	直後条件
感覚刺激なし 注目なし	紐をクルクル回す	感覚刺激あり 注目あり
クルクル紐なし	お母さんの模倣をする	クルクル紐あり

　一方、「自分の体だけで完結する遊び」は、自分自身がその行動をすることで自分自身に感覚刺激が生じるため、そこに他者との相互作用が生じにくいという問題があります。つまり、そこに大人がどのようにかかわろうと、子どもは一人で勝手に感覚遊びができます。物を隠し続けたとしても、子どもにとって最後まで残るのは自分の身体です。自分の体一つあれば、いつでもそれができるのです。例えば、フラッピングといって、自分の手指を目の前にかざしてヒラヒラする子どもがいます。お母さんが相手にしようと、無視して一人にしておこうと、そういった状況に関係なくヒラヒラとやっています。青年期になると、日中ずっと性器いじりを続ける人もいます。

直前条件	行動	直後条件
感覚刺激なし	目の前でヒラヒラする	感覚刺激あり

　このように考えると、子どもが何か物で遊び始めたなら、それが大人の常識から見て「変な行動」に見えても、邪魔したり禁止したりしてはいけません。雑誌をパラパラめくったり、壊れたうちわをバサバサ触ったりしても、危険な物遊びでなければ許容しましょう。それは子どもにとっての遊びなのです。
　次に、子どものこうした一人遊びの中に、いかにうまく入り込むかについて説明したいと思います。

6　子どもとの関係を見直すこと

（1）保護者による指導 ── 好子が見つからない!?

　発達障がいと診断されたまま、途方に暮れていても仕方がないと、保護者が積極的な指導をし始める時期があります。実際、手探りながらも指導をし始めると、子どももできなかったことが少しずつできるようになるものです。保護者にとって、子どもを指導する行動が維持するのは、ときどき成功して変化する子どもの姿という好子が得られるためで、自然なことなのです。以下に、今度は子どもを指導をする保護者の行動について、行動随伴性から図示してみました。

直前条件	行動	直後条件
ときどき変化なし	子どもに指導する	ときどき変化あり

　ところが、ときどきうまくいくことはあっても、なかなか難しいものです。うまくいかないときに、「ああでもない、こうでもない」と、さらに子どもに指導を重ねていくパターンにはまってしまうようです。筆者のところにも、多くの親御さんが行き詰まって、どうしようもなくなってから相談にやってきます。子どもが保護者の指導を嫌がるというのです。相談に来たほとんどすべての保護者が、何か具体的な課題をやってきています。たいていの子どもたちは、かんしゃくが激しくなった状態や、課題場面からすぐに逃避してしまう状態になっています。

　どんな課題をやってきたのか確認すれば、模倣やマッチング、少しことばが出始めた子どもには二語文や三語文など、参考書を片手に見よう見まねで実践してきたといいます。最初、子どもも乗ってきてくれるそうですが、しばらくすると課題をしようとするだけで逃げたり泣いたりするというのです。

　両親に確認すると、ちょっと行動分析学を勉強した親御さんなら「課題の後、きちんと好子をあげているんですけど……」と言います。好子の種類は、褒めことばだったりお菓子やジュース、子どもの好きなキャラクターのシールやカードだったりします。それでも、子どもは乗ってくれなくなったというのです。

ここでまず、押さえておかないといけないことは、一つは「両親が考えている好子は、両親の思い込みであって、子どもにとってはそれほど価値がない」ということです。本章でも再三述べていますように、「それを提示して、行動が増加した場合、その提示したものが好子だった」ということです。逆に言えば、「行動の直後に提示しても、その直前にしていた行動が増加しないならば、その提示したものは好子ではない」ということになります。

こういう場合、「好子の価値づけ」が必要になるのです。好子の価値づけには、普段、子どもがその好子に接することを制限（遮断）する方法があります。普段からアイスクリームを十分に食べている子どもにとって、難しい課題の後にアイスクリームを出してもらったからといって、課題を喜んでやろうとしないわけです。

つまり、好子が見つからなければ、仕立て上げてしまえばよいのです。そのために、子どもの普段の生活から見直してみましょう。

（2）『勉強したら遊び』から『遊びの中に勉強を』へ

さて、ここまでは好子の問題について述べてきました。子どもが喜んで課題に乗ってくるために、有効な好子を選び、好子をうまく価値づけていく重要さについては説明した通りです。

しかし、もっと良い方法があります。それは、今までの考え方とまったく異なるやり方かもしれません。今までは、「お勉強をしたらご褒美をあげるから」という発想でした。これまでたくさんの親子に出会いましたが、まずすべての親御さんがこうしたやり方でした。ここで紹介したいことは、「遊びの中に課題的要素を入れる」という逆転の発想です。

自閉症児が一人で遊んでいるとします。放っておくと、ずっと一人で遊んでいるのです。これだけ長い時間遊んでいるのは、間違いなく、そこに何らかの好子があるからでしょう。ここで、子どもの時間（好子）を奪い取って課題のために着席させるというのは、子どもの機嫌を損ねることになるでしょう。

そこで、この子どもの一人遊びの中に、うまく入っていくことを考えてみましょう。例えば、本章の3節で紹介した自閉症児のAちゃんの一人遊びの中に入っていくようなやり方です。他にも、子どもが好きなことを思いっきり提供してあげる方法もあります。

例えば、タカイタカイを喜ぶ子どもの場合は、「お勉強してからタカイタカイ」ではなく、まずタカイタカイを無償で提供してあげましょう。子どもが笑うまでで十分です。ときどき、サービス精神旺盛なセラピストや保育士さんが、とにかく子どもを喜ばすた

めだけにタカイタカイをしてあげる場合があります。しかしそれだけでは、子どもの学習（発達）を促進することはできません。大切なことは、以下で説明するような「タカイタカイの一時停止、そして行動を引き出し、タカイタカイを再開する」という繰り返しパターンを実行することなのです。

　子どもが笑ったら、タカイタカイを一時停止します。そこでまた目があったらタカイタカイをしてあげます。笑ったらまた子どもを降ろして、一時停止。こうしたことを繰り返していると、一時停止したときに子どもはタカイタカイを期待して、やって欲しそうにしてきます。

　まず、ここまで引き出すことが肝心なのです。最初から、子どもに何かさせようとしてはいけません。子どもの「やってほしい気持ち」が分かった後は、タカイタカイを無条件でやらないようにします。子どものできそうなこと（例えば、簡単な模倣）を一つやらせてみて、それをプロンプト（援助）しながらでも子どもに応じさせ、そしてタカイタカイをしてあげます。ここから先は、同じパターンの行動随伴性を繰り返していきます。初期的に同じパターンで繰り返していくと、子どもの学習は進みます。そして、子どもが乗ってきたら、タカイタカイをしてあげる直前の課題の回数を少しずつ増やしたり、難易度を徐々に上げたりしていきます（スモールステップの原理）。

　こうした流れを行動随伴性で示すと、以下のようになります。

ステップ１（無条件で提供する）

直前条件	行動	直後条件
タカイタカイなし	?	タカイタカイあり

ステップ２（アイコンタクトを形成する）

直前条件	行動	直後条件
タカイタカイなし	顔を上げて目を合わせる	タカイタカイあり

ステップ3（模倣を形成する）

直前条件	行動	直後条件
タカイタカイなし	モデルと同じ動作をする	タカイタカイあり

ステップ4（回数を増やす）

直前条件	行動	直後条件
タカイタカイなし	2回連続模倣する	タカイタカイあり

ステップ5（さらに課題の難易度を上げる）
　　………

　こうした方法を、筆者は『化粧品セット無料お試し法』とか『痩身エステ初回無料サービス法』などと呼んでいます。最初は、とにかく子どもに何かやらせようとするのではなく、大人のかかわりを気に入ってもらおうと努めるわけです。そして、子どもが気に入ってくれたら、今まで無条件で上げていた分を少しずつ巻き返していくのです。

7　さらなるコミュニケーション支援方法

（1）要求場面を利用する

　子どもの学習を促進するために有効な二つの方法があります。一つは「取り出し学習」、もう一つは「日常場面を利用した指導」です。「取り出し学習」は、あらかじめ学習機会が設定されていて、「20回中、13回できた」という評価がなされます。この方法は、遊びというより、いわゆる「お勉強課題」でよく用いられる方法です。

　一方、「日常場面を利用した指導」では、子どもの自発的なコミュニケーションを促進するために、ありとあらゆる日常場面を学習機会とする方法です。例えば、お絵かき

が好きな子どもにスケッチブックの画用紙1枚だけ渡しておきます。子どもが絵を描きたくて母親の近くに来たら、「クレヨン、描く」などと二語文を模倣させてみます。画用紙が無くなったら、また母親の近くに来て「ママ、お絵かき」などと言わせます。画用紙やクレヨンが出しっ放しでは、こうしたコミュニケーション機会は生まれません。

直前条件	行動	直後条件
クレヨンなし （お絵かきできない）	「クレヨン、描く」	クレヨンあり （お絵かきできる）

　他にも、今まではペットボトルからジュースを入れてあげていたのを、わざとキャップが開かないように演技し、子どもに「ジュース、あけて」とモデルを示し、模倣させてみます。あらかじめ、子どもの手の届かないところに、子どもの好きな遊び道具を置いておき、「カード、取って」と言わせてみます。さらには、お風呂に入ったり出たりするときや、玄関や車のドアを開ける直前など、あらゆる場面をコミュニケーション機会にしていきます。

直前条件	行動	直後条件
ドアが開かない （車に乗り込めない）	「ブーブー、開けて」	ドアが開く （車に乗り込める）

　大切なことは、子どもを「ちょっと困った状況」に置くことなのです。自分で何でも要求充足できる環境では、コミュニケーションが生まれる必然性がありません。初期的には、大人は子どもにとって「困ったら手伝ってくれる存在」を目指すとよいでしょう。
　こうしたことを繰り返していくことで、今まで一語文主体だった子どもが、少しずつ二語文が使えるようになってきます。

第4章　応用行動分析学（ABA）による遊びの支援

（2）消去抵抗を利用する

　さて、本章では「好子出現による強化」を中心に、具体例をたくさん示しながらその事実を紹介してきました。「出現」とは、行動の直前と直後で、何らかの刺激や出来事が「なし→あり」というように変わることでした。もし、これまで十分に強化されていた行動の直後に出現していた好子をなくしたら、どうなるでしょうか。数多くの研究で実証されていることですが、そのようにすると結果的に強化されていた行動は、もとの自発頻度まで減少します。このことを「消去」と呼んでいます（本章の4節で紹介したB君の例でも述べました）。

　子どもがようやく新しい行動を身に付けた、つまり「強化し、強化される関係」が実現したとします。それはとても喜ばしいことです。だれも、これを消去しようなどとは思いつきません。

　でも、ここであえて「消去」という手続きを導入するテクニックがあります。

　「消去」に関する事実として、もう一つ知られているのに「消去抵抗（消去バースト）」という現象があります。例えば、ジュースの自販機でお金を入れてボタンを押す行動が強化されています。今までは、1本買うためにボタンは1回しか押していませんでした。ある日、「売り切れ」でもないのに、なぜかボタンを1回押してもジュースが出てきませんでした。通常、「なんだ、今日はジュースが出ない日か」と思って、そのまま立ち去る人はいないでしょう。きっと、今までは1回しか押さなかったスイッチを、5回、6回押してみたり、返却レバーをガチャガチャ動かしたり、釣り銭口を触ってみたり、挙げ句の果てに乱暴な人なら自販機をたたくという行為、冷静な人なら故障時の連絡先に苦情の電話をしたりするかもしれません。もちろん、もっと早く諦めてしまう人もいるかもしれませんが、そういう人でも今まで1回しかしなかったボタン押し行動以外の「新しい行動」を自発する可能性が高まります。

　先に紹介した物を投げるB君ですが、今まで注目を与えていたのに、それを与えないようにすると一時的に問題行動が増加してしまうことがあります。たいていの場合、一時的に新しい問題行動を引き起こすものです。これも消去バーストの一つです。問題行動の場合、消去バースト中に好子を提示してしまうと、問題行動がさらに悪化してしまいます。問題行動をエスカレートさせた結果、好子が出現したことになるからです。実践的には行動が収まるまで完全に消去を完遂させる配慮と、そもそも問題行動が起こらないための配慮が必要です。

　話を戻しますが、「消去」という手続きを行なうと、しばらくの間、「消去抵抗」による新しい行動の自発がみられます。これを、子どもとの遊びやコミュニケーションに導入しようというのです。

①好子出現による強化（これまで維持してきた行動随伴性）

直前条件	行動	直後条件
ペットボトルが開かない（ジュース飲めない）	「ジュース、開けて」	ペットボトルが開く（ジュース飲める）

②消去手続きの実施

直前条件	行動	直後条件
ペットボトルが開かない（ジュース飲めない）	「ジュース、開けて」	ペットボトルが開かない（ジュース飲めない）

（直前と直後で、変化がない）

③消去抵抗による新しい行動の出現（そして、それを強化する）

直前条件	行動	直後条件
ペットボトルが開かない（ジュースが飲めない）	「ママ、早く開けてよ」	ペットボトルが開く（ジュースが飲める）

（「ママ、早く開けてよ」という新しい行動が自発されたため、ペットボトルを開けて強化する）

　他にも、いつものパターン通りの会話をわざと無視したり、とぼけたり、変なことを言ったりして、意図的に子どもの予想や期待を裏切ると、消去抵抗が起こります。
　例えば、母親にお決まりの応答（「新発売！」）を言わせることにこだわる自閉症児のC君がいました。母親は途方に暮れつつ、それもコミュニケーションだと思って付き合い続けていました。でも、このままだとコミュニケーションの拡大・発展はあまり期待できませんでした。そこで、消去手続きを実行してもらいました。つまり、まったく聞こえないふりをしたのです。しばらくすると、C君が「何か、言ってってば」と言いました。そこで母親は初めて「キャンペーン開催中！」と言ってみました。

第4章　応用行動分析学(ABA)による遊びの支援

①好子出現による強化（これまで維持してきた行動随伴性）

直前条件	行動	直後条件
お決まりの応答なし	「新発売、って言って！」	お決まりの応答あり

②消去手続きの実施

直前条件	行動	直後条件
お決まりの応答なし	「新発売、って言って！」	お決まりの応答なし

③消去抵抗による新しい行動の出現（そして、それを強化する）

直前条件	行動	直後条件
新しい応答「キャンペーン開催中！」なし	「何か、言ってってば」	新しい応答「キャンペーン開催中！」あり

　すると、C君はちょっと不満な顔をしたようにも見えましたが、お母さんの新しい応答が気に入ったようで、「キャンペーン開催中、言って」、「当たりますって言って」など、パターンが増えたそうです。それだけでなく、今度はお母さんのほうから「どっちがいい？」と聞いてみたり、逆にC君に「週末は○○のお店で」と言わせてみたり、いろいろな会話に発展させることができました。

　消去の手続きを実施するためには、あらかじめパターンを作っておく必要があります。消去手続きを実施していいのは、十分に強化された行動でなければなりません。また、消去手続きばかり実行すると、子どもがコミュニケーションをするのを嫌がる場合もあります。ですので、適度にこれまでの子どもの好むコミュニケーションパターンを取り入れつつ、新しいパターンに展開していくようにしましょう。

8　おわりに

　本章では、子どもとの遊びを通して、いかに子どもの発達を促進するか、応用行動分析学の立場から説明してきました。ここまで読まれて勘のいい人は気付いたことでしょうが、応用行動分析学というのは単に自閉症児の行動を変えるセラピーなどではありません。子どもと、子どもにかかわる大人の相互作用を改善していくための、行動の原理を使った実践科学なのです。ですから、この実践科学をうまく用いることで遊戯療法や音楽療法などのセラピーにも役立つでしょうし、応用行動分析学が専門でなくても子どもの発達をうまく引き出すセラピストや教師、親は意識せずとも行動の原理を用いているのです。

　それでも、遊びがうまくいかないとき、本章で紹介した行動随伴性の視点から、子どもの行動だけではなく、自分がどのようにかかわっているのかを意識的に見直していくという姿勢を持ち続けていただければと思います。

第4章　応用行動分析学(ABA)による遊びの支援

【参考文献】
◇麻生武・綿巻徹編（1998）遊びという謎．ミネルヴァ書房．
◇Hart, B., & Risley, T. R.（1974）Using preschool materials to modify the language of disadvantaged children. Journal of Applied Behavior Analysis, 7, 243-256.
◇小林重雄監修　山本淳一・加藤哲文編著（1997）応用行動分析学入門．学苑社．
◇Koegel, L. K., Keogel, R. L., & Dunlap, G. D.（1996）Positive behavioral support: Including people with difficult behavior in the community. Baltimore: Paul H Brookes.
◇Koegel, L. K., Keogel, R. L., Harrower, J. K., & Carter, C. M.（1999）Pivotal response intervention: Overview of approach. Journal of the Association for Persons with Severe Handicaps, 24, 174-185.
◇Koegel, L. K., Keogel, R. L., Shoshan, Y., & McNerncy, E.（1999）Pivotal response intervention: Preliminary long-term outcome data. Journal of The Association for Persons with Severe Handicaps, 24, 186-198.
◇Koegel, R. L., Schreibman, L., Good, A., Cerniglia, L., Murphy, C., & Koegel, L.（1989）How to teach pivotal behaviors to children with autism: A training manual. Santa Barbara: University of California.
◇奥田健次（2001）遊戯療法．小林重雄監修　総説臨床心理学．pp.121-125．コレール社．
◇奥田健次（2002）対人的かかわりへの支援とその実際．小林重雄監修　発達臨床心理学．pp.125-172．コレール社．
◇奥田健次（2003）対人関係とコミュニケーションスキルの援助．小林重雄監修　自閉性障害の理解と援助．pp.147-163．コレール社．
◇奥田健次（2004）自閉症児の言語獲得プログラム―私の支援の視点―．アスペハート，7, 25-33.
◇奥田健次・井上雅彦（1999）自閉症児における対人関係の改善と遊びの変化―フリー・オペラント技法を適用した事例の検討―．特殊教育学研究，37, 69-79.
◇奥田健次・井上雅彦（2002）自閉症児におけるパーティーゲーム参加への支援とその効果に関する予備的研究．発達心理臨床研究，8, 19-28.
◇リッチマン，S.　井上雅彦・奥田健次監訳　テーラー幸恵訳（2003）自閉症へのABA入門―親と教師のためのガイド―．東京書籍．
◇Schreibman, L., Stahmer, A. C., & Pierce, K. L.（1996）Alternative applications of pivotal response training. In L. K. Koegel, R. L. Koegel., & G. D. Dunlap（1996）Positive behavioral support: Including with difficult behavior in the community. Baltimore: Paul H Brookes.
◇Stahmer, A. C.（1995）Teaching symbolic play skills to children with autism using pivotal response training. Journal of Autism and Developmental Disorders, 25, 123-141.
◇杉山尚子（2005）行動分析学入門―ヒトの行動の思いがけない理由―．集英社新書．
◇杉山尚子・島宗理・佐藤方哉・マロット，R. W.・マロット，M. E.（1998）行動分析学入門．産業図書．
◇Thorp, D. M., Stahmer, A. C., & Schreibman, L.（1995）Effects of Sociodramatic play training on children with autism. Journal of Autism and Developmental Disorders, 25, 265-282.
◇山本淳一（2002）自閉症児のコミュニケーション支援―応用行動分析学から―．発達，92, 38-46.

第5章 音楽療法による遊びの支援

藤本　禮子

1 「好きなこと、できること」が遊びの始まり

　こういう場面を想像してみてください。

　カズくんは自閉症です。カズくんが、床にしゃがみ込んでつぶやきながら紙に何か書いています。「何しているの？」「何書いてるの？」「何て言ってるの？」と聞いても知らん顔しています。もしそこでカズくんの大好きな歌を歌ってみたらどうでしょう？　その歌がカズくんの本当に好きな歌だったら、つぶやくのをやめたり、手を止めたり、その歌に合わせて手を動かしたり、首を動かしたりし始めるでしょう。カズくんの首や身体が気持ちよく動いている途中で、歌うのをやめると、どうなるでしょう？「えっ？」と、カズくんがこちらを見たりするでしょう。カズ君がこちらを見たら、続きを歌います。そのようなことを繰り返していると、今度はカズくんが動きを止めたりします。そうしたら、こちらが「えっ」と、歌うのをやめてカズくんを見たらいいのです。

　でもカズくんの大好きな歌を知らなかったらどうしましょう？　そのときには、カズくんが何か書いている手の動きに合わせて、ピアノを弾いてみたらどうでしょう？「グルグルグルグルピューッ（ソラソファ・ソラソファ・ド～）」なんていう自作のメロディーでも構いません。カズくんが手を止めたら、歌もピアノも止めてみます。「ピュウ」と勢いよく動かしたら、「ピュウ」とまた弾いたり歌ったりします。そのうち、カズくんが手をグルグルグルグル動かしていても、歌やピアノは止まったまま。さあどうなるでしょう？

　自閉症の男の子ヨウちゃんは部屋に入ってくると、ソファーに飛び込んで寝っ転がって手と足をクルクル動かしています。一緒に遊ぼうと思って「ねえ、これやらない？」と太鼓をたたいてもマラカスを鳴らしても知らん顔です。そこでカズくんと同じようにピアノを弾いてみました。しばらく弾いてから、ヨウちゃんのクルクルと動いていた手

と足の動きに合わせて弾いていたピアノをピタッと止めました。1回目、ヨウちゃんは知らん顔で手をクルクルしていました。2回目にまたピアノが止まったら、チラッとこちらを見たのです。さあ、一緒に遊ぶことの始まりです。

　今度は、身体の障がいがとても重くて、声もあまり出せない、手や指もあまり動かせない〇〇ちゃんのことを考えてみてください。
　何も動かさなくても、その子は、何か考えて感じています。それが私たちに分からないだけです。
　その子どもにヨウちゃんと同じことをしてみました。曲が途中で急にとまると、ヨウちゃんのように「えっ？」とこちらを見たりはしませんが、静かにしていた足がピクンと動いたりします。続けて、呼吸に合わせてピアノを弾きました。そうしたら口を少しずつ動かしてくれました。声は何も出ませんが、口の動きでお話してくれました。
　音楽で遊ぶことの一番の理由は、楽しいということ、ことばがなくても、どこの国の人とでも、どんな年齢の人とでも遊ぶことができることです。音楽は、もともと音を使った遊びです。その遊びには、「音を聞く」「音を感じる」「音をつくる」「音をまとめる」「音でやりとりする」などがあります。そのときに使うものが楽器や声です。楽器は、音の出るおもちゃです。音の出るものはすべて楽器です。人の身体も楽器です。人の身体は、手拍子や足踏み、声、そして息で音を奏でます。
　音には、柔らかな音、硬い音、暖かな音、冷たい音、よく響く音、歯切れのよい音などがあります。これらは、楽器そのものがもっている音です。「ねいろ」と言います。その他に、音は音の出し方やたたき方によって、優しい音、激しい音、悲しい音、悔しい音、うれしい音、イライラしている音、元気な音、疲れている音、といろいろな表情を見せます。このようにたくさんの人の気持ちを表すことのできる音をつなげていけば、そこには音を出す人の気持ちがつづられることになります。一人が出した音に、もう一人が音で応えたとき、そこからコミュニケーションが始まります。
　ピアノという楽器を考えてみてください。すばらしいピアニストが、バッハやベートーベンの曲を演奏する場面ではなく、誰もいない部屋で、なんとなくピアノの蓋を自分で開けて、音を出そうとしている場面です。今のあなただったら、どのキーをどんなふうに押すのでしょう？
　ことばをまだもたない子どもが、ピアノを弾くとき、自由に気ままに音を出すことがあります。げんこつで「ギャ～ン」と殴りつけるようにたたいたり、1本指で「フワッ

と触ることもあります。二つのキーを交互に繰り返し繰り返し弾くこともありますし、一つのキーを押して、聞こえてくる音をじっと聞いていることもあります。そのときピアノは、訓練されたピアニストが演奏するための楽器ではなく、その子を表す道具なのです。

その音には、そのときの子どもの気持ちや状態が表されています。ここで状態と言いましたのは、一つの音だけを「そっと」押したいと思っても、指や腕の機能の具合いでそれができなくて、たたいてしまう子どももいるからです。

もしそこにあなたがいて、その子の出した音を聞いて感じたことをピアノの音で返したら、そこではもう二人のコミュニケーションが始まっているのです。

音楽を使って子どもとコミュニケーションするときには、これまで述べてきたことが大切になります。音楽を使ったいろいろな遊びがありますが、その遊びは、気持ちの分かり合い、やりとりから始まっているということが重要なのです。

そこから、子どもが好きなこと、できること、そこから活動（遊び）を見つけていくことができるでしょう。できあがって形になっている遊びを持ち出して、子どもと遊ぼうとするのではなく、まだまとまった形になっていない、子どもの気持ちや行動から、遊びを子どもと一緒につくりあげていくのです。そしてその遊びを、子どもの目標に合わせて少しずつ変えていきます。例えば、同じ歌を歌いながらそれまでとは違う楽器を鳴らすなど、同じ種類でちょっとだけ違う遊びに変えていくのです。こうして子どもの力を拡げながら、少しずつ上に伸ばしていくことが大切です。それは細く小さな木が、幹を太くしながら、そして枝も付けながら伸びていくことと同じです。

これから紹介する歌や曲や遊びは、子どもたちとのやりとりの中からできてきたものです。これらの遊びが、子どもとのやりとり遊びを見つけるヒントに結びつけばと思います。

2 どんな遊びがあるのでしょう？

音楽を使った遊びを大きく分けると、次のような種類になります。
（1）歌うこと
（2）楽器を鳴らすこと
（3）動くこと・ゲームをすること
（4）音楽を聞くこと

ここでは、(4) 音楽を聞くこと以外の、(1) 歌うこと、(2) 楽器を鳴らすこと、(3) 動くこと・ゲームをすること、について順番に紹介しましょう。
　それぞれの活動の対象となる子どもは、その活動が目的としていることができる子ども、そしてその目的にチャレンジしようという子どもたちです。そして人数は、一人でも数人でもいいのですが、順番を待つ必要のある活動では、順番を待つことのできる人数、また子どもが、そのグループを一つのまとまりとして捉えることができる人数が良いでしょう。
　活動の大きな目的は、やりとりの楽しさを経験することですが、それぞれの活動には、それぞれの目的もあります。その目的と工夫（バリエーション）も一緒に紹介します。
　活動の場面は、ダンスやゲーム以外は、以下のような場面を作ると良いでしょう。

・子どもが一人の場合（図5-1）

図5-1a　大人と向き合うことができるとき　　図5-1b　大人と向き合うと緊張してしまうとき

・子どもが数人のグループの場合（図5-2）
　バラバラでもいいのですが、大人からも子どもからも、グループのみんなが見える方が良いでしょう。

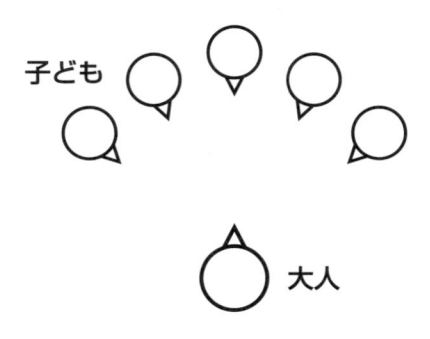

図5-2　数人のグループの場合

(1) 歌うこと──大人が歌いかけて、子どもが歌い返す歌

【目的】 目的的な発声や発語を促しながら、「声でやりとりする楽しさ」を経験すること。

1）1語だけの歌、声を出す歌「ゆったりバージョン」と「いそがしバージョン」

　二つのバージョンは、子どもの雰囲気や動きに合わせて使い分けて下さい。歌うテンポを、子どもの動きに合わせると、子どもは応えやすいようです。

①「大きく　ア」（吉井，2001　楽譜1）──ゆったりバージョン

　「あ」だけ言える子どものために作られた曲です。大人に「大きくア」と歌いかけられて、子どもが「ア」と応える歌です。その子のもっている力に注目して、そこから遊びを創ることは、その子を最大に尊重していることなのです。子どもたちはこの曲のときには自信満々に大きく「ア」と歌うそうです。

【工夫】　「大きな"ア"」を「小さな"イ"」や、「怒った"ウ"」などその子が分かることばや、分かりそうなことばに変えて歌いかけることができます。

楽譜1　大きく　ア

詩・曲　吉井あづさ

1. お　お　き　く　ア　　　（ア）　　も　っ　と　お　お　き　く　ア　　　（ア）
2. ○　○　ちゃん　の　ア　　　（ア）　　○　○　ちゃん　の　ア　　　（ア）

こん　ど　は　ちい　さ　く　ア　　　（ア）　　も　っ　と　ちい　さ　く　ア　　　（ア）
○　○　　ちゃん　の　　ア　　　（ア）　　○　○　ちゃん　の　ア　　　（ア）

出典：生野里花・二俣泉編（2001）『静かな森の大きな木』春秋社

②「あ　の歌」（藤本，2004　楽譜2）──いそがしバージョン

　うれしいとき、怒っているとき、泣くときには大きな声を出しているけれど、意図的な発声が難しい子どもや、声を全く出さない子どもに、声を出すことに気付いてほしい、声を出すことの楽しさを知ってほしいと思って作りました。大人に「○ちゃんが、○ちゃんが、あ」と歌いかけられて、子どもが「あ」と応える歌です。

【工夫】　「あ」を「はい」などに変えたり、「○ちゃんが、○ちゃんが」を「○ちゃんと△ちゃんが」に変えることもできます。途中で歌詞を「お母さんが、お母さんが」に変えて歌いかけて、それにお母さんが「あ」などと応えてこの遊びのモデルを示すと、子どもたちにもやりかたが分かりやすくなります。

【エピソード】　小学5年生のユカちゃんは、発語はほとんどなく、意図的発声も少ない女の子です。この歌を何回か繰り返すうちに、「あ」と言うところで、恥ずかしそうにうつむくようになって（意図の理解ができて）、それから何回か後で、顔を合わせて口を「もごっ」と動かすようになって（意図されていることが口に関係があることが分かって）、それから、声にはなっていないけれど、「ハッ」と息を出してくれるようになりました。びっくりして、うれしくて見つめ合ってしまいました。

楽譜2　あ　の歌

詩・曲　藤本禮子

（楽譜：「○ちゃんが ○ちゃんが 「あ」　（あ）」を4回繰り返す）

2) 返事をしたり、フレーズごとに交替で歌う歌

① 「みんな一緒に」（藤本，2007　楽譜3）

　最初の半分は一緒に手拍子したり、足踏みしたりしても良いでしょう。途中で一人ずつの名前を呼んで、応えてもらいます。

　この曲の他にも、「Is Everybody Here?」（Clive & Carol Robbins, 1995「GREETINGS AND GOODBYES」THEODORE PRESSER COMPANYより）という曲もあります。これは英語の歌ですが「みんなで一緒にラララ……」などと歌詞を日本語に変えて歌うこともできます。

【工夫】　「あ　の歌」もそうですが、応えてもらうときにおもちゃのマイクを使うと、呼びかけられた子には、順番がはっきり分かって返事しやすいこともあります。また順番を待っている子どもたちも、誰が返事をする番なのかがはっきり分かって、待つこと

や聞くことができやすくなります。でも、マイクに慣れていない子どもは、マイクが気になって、返事ができなくなることもありますから、ご注意！

名前を呼ぶ代わりに、「○さんの手」と言って○さんに手を出してもらうなど、いろいろ変えて歌うこともできます。

楽譜3　みんな一緒に

詩・曲　藤本禮子

②「こんにちは」（藤本，2007　楽譜4）

最初の半分は大人が歌います。後の半分は大人も子どもも一緒に歌います。または次のように歌うこともできます。

　　大　人：○○ちゃんこんにちは、○○ちゃん
　　子ども：こんにちは
　　大　人：いっしょに　いっしょに
　　一緒に：こんにちは　こんにちは

【工夫】　「こんにちは」は「おはよう」でも「元気ですか～」などに変えて歌うことができます。同じ歌詞を繰り返し歌うことで歌いやすくなります。これができるようになったら、少しずつ歌詞を増やしていくとよいでしょう。歌いかけの最初に「○○ちゃん」、と子どもの名前を呼びかける方がよいでしょう。呼びかけられた子どもは「○○

ちゃん、こんにちは〜」と歌いかけられている間に、応える準備ができます。

楽譜4　こんにちは

詩・曲　藤本禮子

○○ちゃん　こんにちは　○○ちゃん　こんにちは
いっしょにいっしょに　こんにちは　こんにちは

　子どもは問いかけられると、とても緊張します。大人も一緒に緊張して、子どもが頑張って声を出したあとには、一緒にホッとしましょう。「一緒！」これがとても大切です。

　声を出す前に、リズムに合わせて大人も一緒に身体を揺することから始まります。身体をくっつけたりして、一緒に身体を揺すると「一緒！」の楽しさが味わえます。声を出すところで、子どもの動きが止まったりしたらしめたものです。声が出る準備ができている証拠です。出そうと思った息をのみ込んで、声が出ないこともあります。子どもが声を出せなくても、そこは一緒に息をのみ込んで「う〜ん、ラララ〜」と一緒に揺れましょう。

(2) 楽器を鳴らすこと

1) 楽器について——どんな楽器があるでしょう？

　楽器遊びについて説明する前に、楽器について簡単に述べます。楽器の操作方法の違いから分類して見ました。操作方法は一般的に①から順番に難しくなります。

　　①触る楽器　　ツリーチャイム、ユタちゃんのベル（手製）
　　②振る楽器　　鈴類、マラカス、ハンドカスタ、ベル、トーンチャイム、
　　　　　　　　　ソフトジングル（手製）
　　③叩く楽器　　リズム楽器：各種ドラム、シンバル、銅鑼、ジャムブロック、
　　　　　　　　　　　　　　　ビブラスラップ、タンバリン、モンキータンバリン

　　　　　メロディー楽器：木琴、鉄琴、音積み木、スリットドラム、
　　　　　　　　　　　　　グロッケン、ピアノ
　④押す楽器　　オルガン、アコーディオン、ピアニカ
　⑤吹く楽器　　笛類、リードホーン、ハーモニカ、鳥笛、水笛、スライドホイッスル
　⑥はじく楽器　バイオリンなど弦楽器類、オートハープ、カリンバ
　⑦こする楽器　バイオリンなど弦楽器類、ギロ、カバサ

　楽器を選ぶときには、①操作方法、②音色、③色や形、④大きさや重さ、⑤触り心地、⑥安全性と壊れにくさ、などを考えて、そのときの子どもにふさわしい楽器を選びます。子どもに楽器を紹介するときには、「とってもステキなものがあるのよ、見て、見て！聞いて！」という気持ちで渡しましょう。

　子どもが使う楽器は、子どもが鳴らすことができる楽器、子どもが好きな音・色、子どもが持てる大きさ・重さ、子どもがやりたいと思っている楽器など、子どもの気持ちを尊重した楽器であることが必要です。「この子はこれ」と決めずに、幾つかの楽器の中から子どもに選ばせます。一人で選べない場合は、一緒に選んでみましょう。子どもがちょっと頑張っても鳴らすことができない楽器は、そこに置かないようにしましょう。また、その子が鳴らすことができるように作り変えたり、工夫をすることも必要です。

【失敗エピソード——リードホーン（ラッパ）（図5-3）】　気管切開をした聴覚障害のユウくんは、聞こえなくてもみんなと一緒に音楽することが大好きでした。気管切開をしているので、ラッパを吹くことはできません。私はユウくんと遊ぶときには、ラッパはしまっておくことにしていました。あるとき、他の子どもが「どうしてもラッパを吹きたい」と言って、「キラキラ星」に合わせてラッパをきれいに吹きました。次にユウくんの番になりました。私はユウくんにはラッパではなくトーンチャイム（図5-4）を勧めましたが、ユウくんは毅然としてラッパを選びました。心配でドキドキしている私に、ユウくんはもう1本のラッパを渡して一緒に吹こうと誘ったのです。ユウくんは、私がラッパを吹くときに、一緒に吹く動作をしたのです。聞こえてくるラッパの音は、私が吹くラッパの音です。ユウくんは、緊張して私の手を握りながら、最後まで吹く動作をしました。ユウくんはみんなから盛大な拍手を受けて、とても喜んで「鼻高々」のサインと「うれしい」のサインをしました。私はユウくんの生きる力、生きることを楽しむ

力に圧倒されました。ユウくんは、そのとき「吹くまね」をしたのではなく、「一緒に吹いた」のです。「ユウくんにはラッパは無理」と思い込んでいた私の失敗でした。

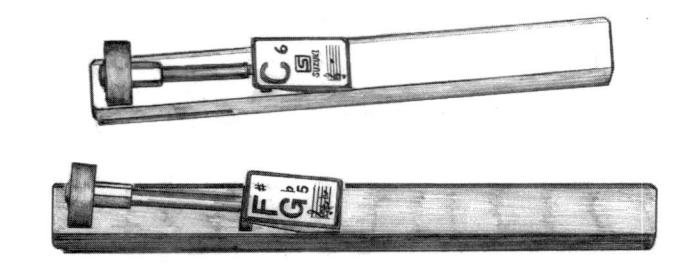

図5-3　リードホーン

図5-4　トーンチャイム

【楽器工夫のエピソード——ユタちゃんのベル（図5-5）】　手首に拘縮が始まって、ものを握ることもうまくできなくなってきたユタちゃんのために、図5-5のような楽器を作りました。持ち手のところはファックス用紙の芯です。その芯に紐を通してベルを結びました。ベルは大きめのインドのベル（多分、牛の首に下げるベル）ですが、中の振り子が金属ではなく木でできています。そのため、ベルは深く柔らかな音で響きます。

持ち手を大人が持って、ユタちゃんの手をベルとベルの間の紐の上に乗せてあげて、ピアノに向かった私は、ユタちゃんの手の動きに合わせてスペイン風の音楽を弾きました。ユタちゃんは、その紐を何回も何回も押し下げて音を出しました。「僕の音だよ！　聞いて！　聞いて！」と言っている様でした。

教会の鐘が鳴り響く、スペインの広場に行ってきたような素晴らしい時間でした。

図5-5　ユタちゃんのベル

第 5 章　音楽療法による遊びの支援

2）楽器を使った遊び

　楽器を使った遊びを、①みんなで好きな楽器を好きなように鳴らす、②みんなで一つの楽器を順番に鳴らす、③ソロ演奏、の三つに分けて紹介します。

①好きな楽器を好きなように鳴らす遊び

【目的】　楽器を試すこと。楽器に慣れること。楽器の音を聞くこと。
【対象】　楽器を工夫すれば、誰でも可能。
【人数】　一人でも大勢でも可能。
【場面】　半円でも、バラバラでも可能（図5-2参照）。

　みんなで好きな楽器を選んで、鳴らしながら好きな曲を歌ったり、楽器の音に合わせて、即興で歌ったりピアノを弾いたりします。音楽の途中で突然「ストップ」して、音のない静けさを味わうこともできます。そして誰かが楽器を鳴らし始めたら、また音楽が始まります。誰かの鳴らし方のまねをして鳴らすのも楽しいです。音を通して、周囲の人への気づきや人への気遣いが育ちます。

【工夫】　子どもの力に合わせて、二つや三つのグループに分けて順番に鳴らすこともできます。同じ楽器を持っている子どもは同じグループとか、男の子と女の子のグループに分けることもできます。楽器ごとに分かれるときには、一つのグループはベルのような柔らかい音色の楽器のグループ、もう一つのグループは太鼓やシンバルのような大きな元気な音の楽器のグループというように、音色の違う楽器で分けると相手のグループの音を意識して聞き合うことができます。

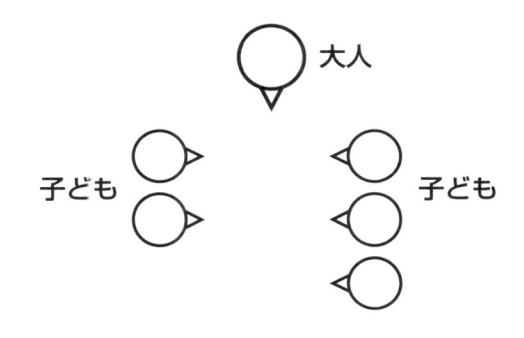

図5-6　グループに分かれて鳴らす場面

　グループに分かれて合奏するときには、グループごとに離れた場所で演奏すると演奏のルールがわかりやすくなりますし、グループごとの音の違いに気付きやすくもなります（図5-6）。

②一つの楽器をみんなで順番に鳴らす遊び

【目的】　一つの楽器に集中すること。他の子どもが鳴らす音をじっくり聞くこと。
　　　　音によるやりとり（一つの楽器をみんなで鳴らす一体感）を楽しむこと。
【対象】　楽器を差し出されたタイミングに合わせて楽器を鳴らすことができる子ども、
　　　　少しだけ順番を待つことができる子どもまたそれらに挑戦しようと思う子ども。
【人数】　二人から数人。多すぎると誰がどこで何をしているのか分からなくなります。
　　　　また順番が待ちきれなくなってしまいます。
【場面】　図5-2を参照

　大人が歌いながら、座っている子どもに順番に楽器を差し出します。子どもは差し出された楽器を鳴らします。差し出す順番をランダムにすると、子どもはうっかりしていられなくなって、気をつけて楽器を見るようになります。楽器をたたきやすいように差し出したり、ちょっと意地悪してたたきにくいように差し出したりすると、差し出された子どもは、手の向きや姿勢を工夫するようになるかもしれません。「たいこ」の曲でこの活動をするときには、"たいこ"の「こ」でたたいてもらうようにたいこを差し出すとたたくタイミングの予測がついて、たたきやすくなります。
　子どもが出した一つ一つの音を大切に聞きましょう。誰かが出した音を大切に聞いてその音に応える、これがコミュニケーションの始まりです。

【曲】　「たいこ」（藤本，2003　楽譜5）。その他に、「Fun for four Drums」（Paul Nordoff & Clive Robbins, 1968 THEODORE PRESSER COMPANY）や「音のシンフォニー」（山本直純）もとても楽しく遊ぶことができる曲です。

【楽器】
・子どもがスティックを持って楽器を鳴らすことができる場合
　ハンドドラム（いろいろな太鼓）、シンバル、ウッドブロック（図5-7）、アゴゴベル（図5-8）、フィンガーシンバル（図5-9）、トライアングルなど
・子どもが手で楽器を鳴らす場合には
　ハンドドラム（いろいろな太鼓）、タンバリン、ビブラスラップ（図5-10）カスタネット、鈴など

図5-9　フィンガーシンバル
2枚セットのフィンガーシンバルの1枚にきれいなリボンをつけます。

第 5 章　音楽療法による遊びの支援

楽譜 5　たいこ

詩・曲　藤本禮子

さあ たいこ さあ たいこ ○○ちゃん の
（た い こ を
たいこ さあ たいこ さあ たいこ ○○ちゃん の
た た こ）　　　　　　　　　　　　　　　　（た い こ を
た た こ　とん とん とん とん とん とん
た た こ）
た た こ　とん とん た た こう とん とん
た た こ

図5-7　ウッドブロック

図5-8　アゴゴベル

図5-10　ビブラスラップ

③ソロ演奏──おとなと子どもと1対1で
【目的】　子どものペースで子どもの表現を拡げながら、大人とのやりとり、関係性を深めること。
【楽器】　子どもが太鼓やシンバルをたたいて、それに合わせて大人はピアノで伴奏したり歌ったりすることができます。子どもが声で大人は太鼓でもできます。つまり音のでるもの同士なら何でもよいのです。また1台のオートハープ（図5-11）やピアノを二人で鳴らし合うこともできます。

図5-11　オートハープ

　オートハープでソロ演奏をするときには、ハーモニーを決めるキーは、大人が押してあげるとよいでしょう。知っている曲、好きな曲のハーモニーを大人が押しながら、子どもの手の動きに合わせて、小さな声で（子どものかき鳴らす弦の音を消さないように）メロディーを歌います。この楽器は少し高価ですが、茶色や黒のラッカーで仕上げられてキラキラ光っているボディーに、金色の弦が35本も張ってあります。それは、息をのむような美しさで子どもを魅了します。そして、弦をかき鳴らすと一度にたくさんの柔らかな音が子どもを包み込みます。ピアノと違って膝の上に乗せられますから、子どものすぐそばで一緒に遊ぶことができます。歌っている歌のフレーズごとに大人と交替で弾くこともできます。
　弦をかき鳴らさないで、子どもの手のひらを弦に乗せて、その振動を味わってもらうことから始めることもできます。
　また、ピックの工夫をしてください。子どもが小さなピックを指先でつまむことができないときには、100円ショップで売っているケーキを作るときのスクレーパー（図5-

第5章　音楽療法による遊びの支援

12）やヘアブラシ（図5-13）を使うこともできます。小太鼓のスティックで、トントンたたくだけでもいろいろな音が出ます。少し痛いかもしれませんが、指で引っ掻いて鳴らすこともできます。

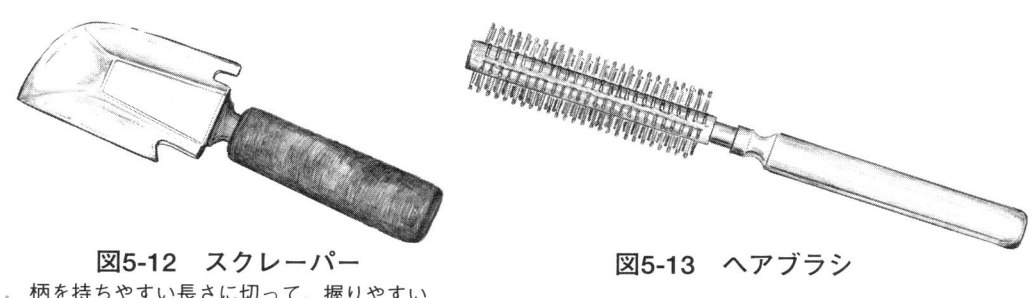

図5-12　スクレーパー
柄を持ちやすい長さに切って、握りやすいようにスポンジをつけてある。

図5-13　ヘアブラシ

【エピソード──オートハープ】　5歳の自閉症のツカサくんはとっても慎重な男の子です。初めてオートハープを見たとき、ツカサくんの目がチカッと輝きました。とても興味をもったように見えましたが、初めての楽器だったことと私がオートハープを抱えていたこともあったので、ハープに近寄ってこられません。ツカサくんは、「ハープなんか見てないよ」という顔をして部屋をグルグル歩き回っています。私は、ツカサくんの好きなディズニーの「小さな世界」を弾きながら、ハープを膝から床に下ろしました。歩き回りながらそれを見ていたツカサくんは、スーッと近づいてきて足を伸ばして、足の先でハープの弦に触りました。でもすぐ離れてまたグルグル歩き回ります。そんなことを何回も繰り返していたツカサくんでしたが、ついに勇気を出してハープの前にしゃがみ込んで両方の手のひらを弦に乗せました。弦の振動を味わいながら、歌も聴いているようでした。私は静かに「小さな世界」を弾き続けながら、少しずつツカサくんに近づきました。ツカサくんはもう逃げませんでした。「ツカサくんが手のひらを乗せたら、私がハープを弾く、離したら弾くのを止める」を繰り返して二人で遊びました。

　ピアノで連弾するときには、できれば大人が低音部、子どもが高音部を弾く方が良いでしょう。子どもの弾く音をメロディとして、大人は低音部でそれを支えるようなハーモニーで伴奏してみましょう。
　すぐに一つの曲にまとめようとしないで、ピアノをたたき（？）合ったりして遊んで下さい。次のエピソードは「きらきら星」を弾いたときのエピソードです。

【エピソード──ピアノ】　5歳の自閉症のナルミちゃんはキーボードが大好きな女の子です。ことばはまだありませんし、発声もほとんど聞かれません。私と並んでキーボードの前に座りました。私がナルミちゃんの大好きな「キラキラ星」を弾くと、ニコニコして私の顔や肩に触ったりしました。でも自分でキーに触ることはありませんでした。私は「ドドソソララソ〜（きらきらひかる〜）」まで弾いてから、ナルミちゃんに右手を差し出しました。そしたらナルミちゃんは、私の手の上にちっちゃな手を乗せました。私はナルミちゃんの指を持って、続きの「ファファミミレレド〜（おそらのほしよ〜）」を弾きました。そこまで弾くと、ナルミちゃんは手を振り払います。今度は私が一人で続きを弾きます。ずっとそれを繰り返していたら、ナルミちゃんが自分から、キーボードを弾いている私の手に触ってくれました。「続きを弾かせて！　私もキーボードに触りたいの……」ということだったのです。私は、ナルミちゃんの指を持って続きを弾かせてあげました。

(3) 動くこと・ゲームをすること

　リズミカルな身体運動をすることによって横・前・後ろに動くなどの運動調整や発散とリラックスを促します。手をつなぐことによる触覚受容と親密性を体験することや、さまざまな動作模倣をする力が得られます。

1）動いて（歩いて・走って）ストップ・交替
【目的】　自分の動きに気づくこと。自分の動きを調整すること。
【対象】　誰でも可能
【人数】　一人から数人
【場面】　バラバラに散らばって

　この章の最初のヨウちゃんのときのように、子どもの動きに合わせて子どもの知っている歌を歌ったり弾いたりします。寝たままで・座って・立って揺れることから、歩くこと、走ることなど全て動きです。ゆっくりした動きにはゆっくり、速い動きには速く歌ったり弾いたりします。「歩く動き」を中心にした遊びの工夫は以下の通りです。
【工夫】
①歩くなどの動くことに慣れてきたら「ストップ」と言って歌を止めます。そして、「誰かさんと手をつなぐ」「両手を上にあげる」など、そのときできそうな課題を付け加えます。歩いている途中で「反対に歩く」と言うのも良いでしょう。それまで子

もの動きに大人が合わせて歌ったり弾いたりしていたのを、大人がスピードを変えたりすることもできます。いろいろに工夫された課題が子どもに合っていれば楽しい活動になります。

②歩く場面をもう少し難しくしようとすれば「いす取りゲーム」があります。音楽が止まったらいすに座るようにします。もっと難しくしようとする場合には、最初にいろいろな楽器をいすの上に置いておきます。そして座ったいすの上の楽器を持って、みんなで歌を歌いながら楽器を鳴らします。いすを二つのグループに分けておいて、好きな楽器を好きなように鳴らす遊びをすることもできます。

歩くだけ。歩いてストップ。歩いてストップしたらいすに座る、またはポーズを取る、または二人組になる。ストップして座ったらいすの上の楽器を持って鳴らす。順番に複雑になっていきます。

歩くのではなく「揺れる」などの動きに合わせてもできます。前に、右に、左に、後ろに、揺れるなどの体験をすることができます。ストップして別の体勢（うつぶせなど）に誘うこともできます。安定したビートで揺れるようになることは運動調整に大切なことです。子どもの揺れ方を注意深く見ながら、歌を歌いましょう。子どもは歌に合わせようとして運動調整ができるようになります。

それぞれの動作にはサポートが必要かもしれません。どの遊びでも同じですが、必要なだけのサポートをしましょう。多過ぎるサポートは子どもの伸びる力を妨げます。

2）ゲーム

【目的】　ルールを覚える楽しさとやりとりの楽しさの経験をすること。

①「帽子ゲーム」（正田静子作詞・作曲）（楽譜6）

これは「ハンカチ落とし」のようなゲームです。

一人の子どもが帽子をかぶって、輪になったみんなの外側を回って、歌が終わったところで誰かの頭に帽子をかぶせます。帽子を上着や首飾りや楽器に変えることもできます。

楽譜6　帽子ゲーム

詩・曲　正田静子

だれかさんの あたまに ぼうしぼうしぼうし
だれかさんの あたまに ぼうしぼうしぼうし だれかさんの あたまに
ぼうしぼうしぼうし だれかさんの あたまに かぶせちゃえ

　でもこのゲームでは、帽子をかぶった子が、輪の外側を回るので、中を向いて座っている子どもたちには、回っている子どもが見えなくなることがあります。そうすると、今誰が何をしているのか分からなくなる子どももでてきます。また輪の外側を回っている子も、円を描いて回るのが難しいことがあります。そこでこのゲームをもっともっと簡単にしたものが次に紹介する「ソフトジングル渡し」です。同じ歌を次のような歌詞に変えて歌います。

　　○○ちゃんが持ってるきれいな鈴
　　○○ちゃんが持ってるきれいな鈴
　　○○ちゃんが持ってるきれいな鈴
　　今度は誰にあげよかな？

② 「ジングル渡し」
　半円に置いたイスに子どもが座ります（3～5名くらいが好ましいです）。そして正面にイスを置きます（図5-2）。ソフトジングル（図5-14）を持った子どもが正面のイスに座って、歌に合わせて鳴らします。子どもが歌に合わせて鳴らすのではなく、歌を子

第 5 章　音楽療法による遊びの支援

どもの鳴らし方に合わせる方が楽しいです。歌が終わったら、いすから立って次の子どもにソフトジングルを渡して交替します。

　このゲームですと、順番を待っている子どもが、ソフトジングルを持っている子どもをずっと見ることができますから、「帽子ゲーム」に比べてゲームの進み方がわかりやすくなります。またソフトジングルを持つ子どもの位置を、いすで決めてありますから、ソフトジングルを鳴らしているうちに、フラフラとどこかに行ってしまうことも少なくなります。こんな簡単なゲームですけれど、交替することが分かるまでに時間がかかります。

　みんなの前で鳴らす楽器は何でもよいのですが、子どもたちが「あれやりたい！」と思う楽器を選んでください。

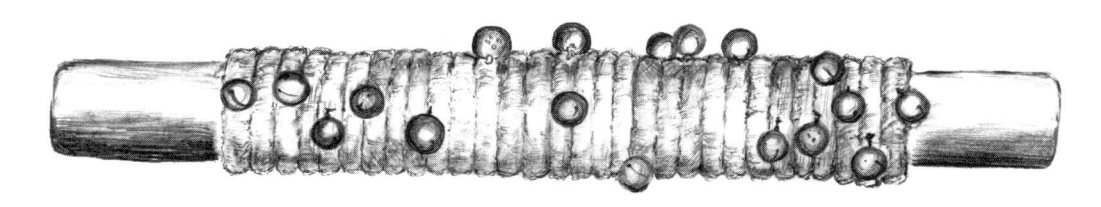

図5-14　ソフトジングル
紙筒を黒い布でくるんで芯にします。100円ショップなどで売っているいろいろな色の髪止めゴムに鈴を縫いつけて芯に通して作ったものです

【エピソード——ソフトジングル】　小学校3年生の自閉症5人のグループです。最初は大人が「○○ちゃん、今度やってみようよ」と後押ししないと、なかなか立ち上がれませんし、立ち上がっても、前の子どもからソフトジングルをもらうことが分かりません。それでグズグズしていると、ソフトジングルを渡そうと思った子どもも、今何をしているのか分からなくなってしまいます。一つ一つの動作に必要なサポートをしながら、少しずつサポートを減らして、自分でできるようにしていきます。そのうち子どもが自分で相手を選んでソフトジングルを渡すようになりました。また歌が「今度は誰に～？」と言うところになると、待っていた子どもの中から、やりたい子どもがスクッと立ち上がるようになりました。

3　音楽の力を遊びに活かす

　コミュニケーションとしての音楽遊びを、歌うこと・楽器を鳴らすこと・動くこと・ゲームをすることに分けて紹介しました。

　どんな活動をするときも、子どもが中心です。遊びがあってそれを子どもに教えるのではなく、子どもから出てくるさまざまな表現をきっかけに遊びを作ったり工夫してみましょう。子どもに合わせて、子どもができる楽器、子どもが鳴らしたくなる楽器を捜したり作ったりしてみましょう。そして子どもに合わせて歌を作ったり歌ったりしてみましょう。子どもの途切れ途切れの動きに合わせて、歌が途切れ途切れになっても大丈夫です。歌が（音楽が）途切れるから、子どもが自分の動きや声が途切れていることに気が付きます。そして歌を（音楽を）途切れさせないようにしようとして、表現や行動がまとまってくるのです。これが音楽の力なのです。大人は歌いながら「あれっ、○○ちゃんがとまっていると歌もとまっちゃうよ」と、心で、目で、語り掛けながら歌いましょう。

　子どもの動きをよくみながら、ここまでできるのかな？　もう少し難しくする方が楽しいかな？　と同じような活動を繰り返しながら、少しずつ子どもの力を伸ばしていきます。

　何よりも、活動がどれくらいできたのかを気にするより、活動しているときや、そのプロセスを大切にしましょう。人と一緒に楽しい時間を過ごした経験が子どもにも大人にも大切なのです。

第6章 子どもの発達と遊び

藤野　博

1　なぜ遊びが大切なのか？

(1) 遊びと勉強

「遊びは勉強した後にね」。子どもたちはお母さんからよくそんなふうに言われます。遊びと勉強、それは正反対のもののようです。国語辞典によると、勉強とは「そうすることに抵抗を感じながらも、当面の学業や仕事などに身を入れること」とあります。また「将来の大成・飛躍のためには一時忍ばなければならない、つらい経験」ともあります（『新明解国語辞典 第三版』三省堂）。いずれにせよ、あまり楽しそうではありません。面白くなくとも我慢して時間がくるまで机に座って先生の言うことに従う。そんなイメージです。子どもは授業中自分の好きなことを勝手にすることは許されておらず、決められたカリキュラムに一定時間取り組むことが求められます。学校とはその名の示す通り学びの場です。大切なことを学ぶためには、いつでも机に座って勉強しなければならないのでしょうか？

しかし、もっと小さな子どもではどうでしょう。例えば赤ちゃんもいろいろなことを学んでいます。乳幼児期には人が生きていくうえでとても大切なことをたくさん学びます。そのうちの一つにことばがあります。ことばは生まれてすぐに話せるわけではありません。ことばを話せるようになるには、ある程度の時間をかけて学んでいかなければなりません。では、子どもはことばをどのように学んでいるのでしょうか。学校で先生が勉強を教えるように、お母さんは赤ちゃんにことばを教えているのでしょうか。お母さんは頑張ってことばを教え込み、子どもは努力してことばを学習しているようには見えません。赤ちゃんは1歳を過ぎる頃にはいつの間にかことばを話し始め、2歳頃にはたくさんのことばを覚えて文を使って話し、3歳頃には大人といっぱしの会話ができるようになります。親が気合を入れてことばを教え込んでもあまり手をかけなくても、多くの子どもたちは時期がくると、ほぼ同じようにことばを話すようになるのです。

赤ちゃんは我慢して勉強してことばを学んでいるというより、遊び感覚で吸収しているようにみえます。毎日の生活の中でお母さんやお父さん、きょうだいたちとの何気ないやりとりを通して、さして苦労せずいつの間にか話せるようになっていきます。ことばを話し始めたばかりの子どもは、物の名前をしきりに知りたがったり、覚えたばかりのことばを大人に聞いてもらおうとして、何度も繰り返して話したりします。そのようなことは無理やりさせられているのでなく自分からしています。ことばを学ぶことは小さな子どもにとって、勉強というよりは遊びに近いもののようです。

(2) 遊びとは何か？

　遊びは子どもの学びにとってたいへん重要な意義をもっています。それがこの本のテーマです。そこで、まず"遊び"とは何かについて考えてみましょう。心理学、社会学、人類学などの学問分野でさまざまな遊びの理論が築かれてきましたが、難しい話はさて置いて、まずはシンプルに考えてみることにします。

　第一に、遊びには楽しさ、心地よさがあります。全く楽しさのない遊びを考えることはできません。ハラハラドキドキ緊張するような遊びもありますが、その緊張は最後にやってくる開放感や何かを達成した充実感などの心地よい感覚を得るための演出ともいえます。まず楽しさ、心地よさの感情を伴うことが、遊びの必要な条件だと思われます。遊ぶ歓びに満たされた状態のことを「プレイフル」と呼びます。プレイフルであることが、遊びをその他の活動から分かつ最も本質的な条件といってよいでしょう。

　また、遊びの中では我を忘れて非常に高い集中度で活動に没入する瞬間があります。そのような個人と環境が融合し、分かちがたい一つの流れが進行している状態は「フロー」と呼ばれます。フロー状態の中で人は、開放感とともに自分の力を実感し充実感を味わいます。そのような状態はいつでもどんな遊びの中でも訪れるわけではないかもしれませんが、この"我を忘れて"活動に没入する状態も遊びならではの体験のあり方といえるでしょう。

　第二に、遊びには自由があります。同じことでも趣味でやっているうちは楽しいけれど、仕事になったとたん楽しくなくなってしまうという経験はないでしょうか。仕事には義務が伴いノルマに縛られています。気分が乗らないときでも我慢してこなさなくてはなりません。一方、趣味にはそのような束縛がありません。好きなときに始めたり止めたりできます。このような「自由さ」も遊びを遊びにする一つの要素のようです。しかし、それは何の縛りも受けずただ好き勝手に行動するという意味での自由とは少し違

います。例えば、鬼ごっこやかくれんぼなどの遊びにはルールがあります。ルールはプレーヤーの行動を縛ります。集団でのルールのある遊びでは好き勝手に振る舞うことは許されていません。それでは自由とはいえないのでは？　いえ、そうではありません。そのときに子どもはイヤイヤながらルールに従っているわけでなく、自らの意志でルールに従っているからです。いうならば、自由にルールに従っているのです。

　このように、ルールのある遊びをしているときでも、子どもは誰かに命令され束縛を受けながらそれをするわけでなく、自分で自分の行動を律しています。自由意志で動いているのです。もしも、だれかにルールに従うことを強要されているなら楽しくはならないでしょう。遊びの特徴である自由さとは自律性、すなわち自分の意志で自分をコントロールできる、という可能性の中にありそうです。

　第三に、遊びは日常的な生活の文脈から離れています。子どもが食べるふりをしているときに、食欲に動かされているわけでも現実に食べるつもりがあるわけでもなく"うそっこ"としてそれをやっています。遊びはそのような生活の必要性から離れ、生きるための基本的な欲求が満たされたうえで、心に生じた余裕の部分でなされる行為です。それをやらずとも生きていくために困るわけではありません。精神的なゆとりの中で生まれる活動なのです。

　以上、その活動が遊びであるために必要な条件は次の三つのポイントにまとめられるでしょう。

①楽しさや心地よさのような快の感情を伴っていること。あるいは快の感情に達することを目指して行為がなされること
②活動を始め、続け、止めることについて自分の意志で決められる自由があること
③日常的な生活の必要性から離れ、心的な余裕の中でなされる活動であること

（3）ことばの学びとその土台

　「学び」と一言で言っても、それは多種多様です。読んだり書いたりできるようになること、泳げるようになることや自転車に乗れるようになること、数学の方程式が解けるようになることやリコーダーが吹けるようになることなどなど。そして、この本で主にテーマにするのは、「ことば」を学ぶこととその前提になることについてです。

　子どもが取り立てて教え込まなくても、自分からどんどんことばを学んでいくのは、

それが興味を引き、楽しい遊びに近いものだからです。楽しいことは押し付けられなくても自分からやりたい気持ちになります。無理やりさせられるのでは、真の学びは生まれません。それに、いやいや勉強するより楽しみながら力がつくほうがいいに決まっています。そして、それが本来の学びの姿でもあるのです。自分がやりたいからやる学習の方が、アメやムチのような賞罰で動かされる学習よりも効果が高いことは心理学的にも明らかにされています。

典型的な発達※をしている赤ちゃんの場合、ことばはお母さんや大人たちと触れ合う中で自然に習得されていきます。読み書きや計算、あるいは自転車乗りなどよりずっと楽に学べます。どうしてでしょうか。ヒトにはことばを獲得するための装置が、生まれつき脳に備わっているという考え方があります。どんなに教え込んでもチンパンジーはヒトと同じように話せるようにはなりません。一方、それほど頑張らなくてもヒトの赤ちゃんは、時期が来るとペラペラ話せるようになります。経験やトレーニングだけでことばの獲得を説明することはできません。ことばを獲得する仕組みがヒトの体には備わっていると考えるのが順当です。

しかし、ことばの獲得装置は機械のスイッチがカチンと入るようにそれだけで突然動き出すわけではありません。むしろ植物の種に似ています。種の中には芽を出し、葉や茎が伸び、花を咲かせるようなプログラムが組み込まれていますが、そのプログラムが作動するためには良い土や水やほど好い温度などが必要です。同じように、ことばもい

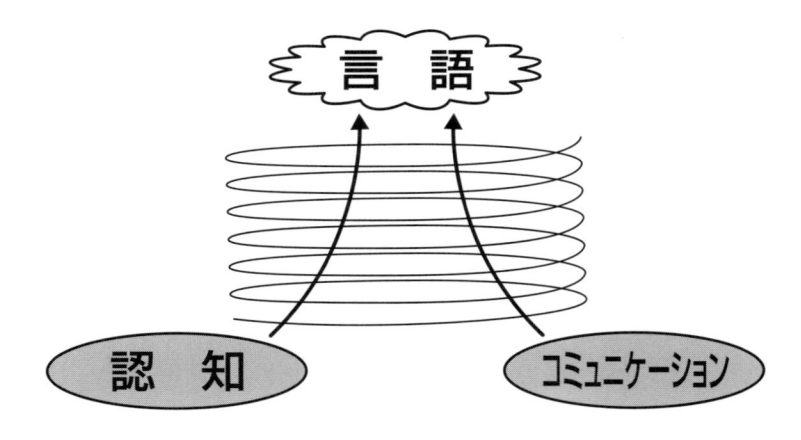

図6-1　ことばの土台としての認知とコミュニケーション（再掲）

※障がいのない通常の発達は「健常（normal）発達」などと呼ばれてきましたが、最近では「典型（typical）発達」ということばの方がよく使われています。これは発達を健常（正常）か異常かで分けるのでなく、典型的（多数派）か非典型的（少数派）かという軸で捉える考え方です。

くつかの土台の上に築かれます。そのような土台が「認知」と「コミュニケーション」です（**図6-1**）。

　では、認知とコミュニケーションの力はどのように育ってゆき、それはことばの獲得にどうつながっているのでしょうか。またその中で遊びはどのような役割を果たしているのでしょうか。遊びながら認知とコミュニケーション、そしてことばの力を伸ばしていく方法について、この本ではいろいろな角度から解説しています。それらはいずれも心理学や発達支援の理論を踏まえています。いくつかの専門用語も使われています。そういった理論や用語の意味などについて、専門家でない一般の読者に理解していただくための手引きとして、この章では子どもたちの認知とコミュニケーション、ことばの発達の過程やそれらの関係について解説しようと思います。

2　認知とコミュニケーションの発達

(1) 発達を進める原理 —— 遊びと模倣

　まず、ヒトの発達を促進する原動力について考えてみます。ヒトは赤ちゃんのときから二つのタイプの活動を自然に行なっていて、それが認知やことばなどを含む子どもの発達を推し進めているという理論があります。発達心理学者のピアジェはそれを「同化」と「調節」ということばで説明しました。おおざっぱにいうと、同化とは外の世界を自分の中に取り込むことで、調節とは外の世界に自分を合わせることです。ピアジェは、同化の働きは「遊び」の活動に、調節の働きは「模倣」の活動に見ることができるといっています。ここでは「遊び」と「模倣」が子どもの発達にはきわめて重要であるという考え方には心理学的な根拠があり、長年のあいだ受け入れられてきた理論に基づいているということだけを述べておきたいと思います。

　遊びの中に子どもたちは、自分が経験したいろいろなことを取り込みます。偶然できたことをもう一度再現しようと試して、もう一度できたら、今度はそれを何度も繰り返し自分の活動のレパートリーに加えていきます。それが同化です。できるようになったばかりのことを子どもは何度も何度も繰り返しやってみて、その力を自分が手に入れたことを確かめ、できるようになっていくプロセスを楽しみます。新たな力を獲得したことを実感できるのは心地よいことです。

　また、模倣は誰かがしていることを手本にしてそれをやってみることです。好きなことを自分のペースで好きなようにやるのでなく、相手に合わせなければなりません。子

どもは自分がそれまでしたことのないこと、自分一人では気づかなかったりできなかったことを誰かのまねをしながらできるようになります。模倣によって、子どもはそれまでの自分を超え世界を拡げていきます。今までできなかったことを誰かに倣ってできるようになることもまた心地よいことです。

　このように、遊びと模倣は子どもの内的な世界を創造し、しっかりと安定したものにし、さらにそれを拡大していく推進力となります。そしてヒトの子どもが、生まれながらに備えている遊びと模倣に向かう傾向を最大限に活用することこそが、子どもたちの認知とコミュニケーションの力を高め、ことばを育てるためのポイントとなるのです。

　3歳くらいまでの子どもの認知とコミュニケーションの発達についてこれから解説していきます。ここでは典型的な発達をしている子どもの場合です。

(2) 認知の発達

1) 感覚運動的活動 —— 物をもて遊ぶ感覚を楽しむ

　生まれてから2歳くらいまでの時期の子どもはもっぱら体を動かし、目で見、耳で聞き、手で触れることで外の世界とかかわり認識を拡げていきます。この頃に子どもは自分から物に働きかけ、その結果として起こる感覚を楽しみ、それを再現しようとして何度も繰り返します。

　例えば、振ることを覚えた子どもはいろいろな物を振るようになります。最初はただ「振る」という運動とそれに伴う感覚を楽しむために子どもはそれを繰り返します。たまたまガラガラを持って手を動かしたとします。すると音が出ます。子どもは聞こえた音

に興味を向けます。そしてもう一度それを再現したいと思い試します。〈振る→音が出る〉という出来事のつながりを何度も経験するうちに、子どもは振ることと音が出ることとの間に関係があり、振ることで音が出ることに気づきます。そして次には音を出すために振るようになります。このように子どもは、物に働きかけ、面白いことが起こると、それをもう一度試し、さらにそれを繰り返して行ない楽しみます。その繰り返しの中で子どもは自分のある行為が外の世界に一定の変化をもたらすことに気づいていきます。

これは運動と感覚を楽しむ遊びです。そのような遊びの中で子どもは自分の行為と外の世界の変化との関係について学んでいきます。感覚運動的な遊びを通して、この時期の子どもが獲得する認知の力として、「物の永続性」「物の機能」「手段と目的の関係」「因果関係」の理解などがあります。これらの力はいずれもコミュニケーションやことばの発達に深く関係していると考えられています。

・物の永続性：見えていなくてもあることがわかる

「物の永続性」の理解とは、物の表象、すなわちイメージを頭の中に留めておけるようになることです。例えば、目の前に見えていたおもちゃを布などで覆って隠したときに、それを探そうとするようになります。つまり、見えていなくてもそこにあることがわかるようになるわけです。イナイイナイバーなどの遊びを楽しめるのはこの力があるからです。

見えていない物を想い描ける力は、ことばの意味を理解する力の基本になります。意味とは目に見えず、イメージを描くことの中に現れるものだからです。

・物の機能：物の使い方がわかる

　「物の機能」の理解とは、物の用途がわかり、その物の特性に合った扱いができるようになることです。これは物を意味づける力ともいえます。

　コップは飲むもの、ボールは転がすものといったことがわかることは、物をその特徴に従って分類することであり、それは物の意味を理解することといえます。生活の中で使われる「物」の意味を理解できる力は「ことば」の意味の理解よりももっと初歩的な意味の理解力であり、ことばの意味を理解する力の基本になります。

・手段と目的の関係：目的を達するために手段を使うことができる

　「手段と目的の関係」の理解とは、何らかの手段を使って目的を達することができるようになることです。例えば、届かないところにある物を棒でたぐり寄せて取ることなどです。

　相手に考えを伝えるという目的を達するために、私たちはことばや身振りや絵などの手段を使います。そのように、手段と目的の関係の理解は、相手に自分の考えや気持ちを、何らかの手段を用いて伝えるコミュニケーションの力に大きくかかわっています。

・因果関係：原因と結果の関係がわかる

　「因果関係」の理解とは、原因と結果の関係が理解できるようになることです。例えば、斜めにした板の上からボールを転がそうとすると下に転がっていくことを予測し、下で待ち構えるといったことなどです。

　この力はコミュニケーションにも関係しています。欲しいものに手を伸ばしたら大人が取ってくれたとします。その経験を通して手を伸ばせば大人が取ってくれるということが理解されたとするなら、これは原因としての自分の行為と結果としての相手の行為との関係に気づいたことを示しています。

子どもの最も初期の発達段階である感覚運動期の遊びについて整理しておきましょう。この時期の遊びには次のような特徴があります。

- 自分から物に働きかける
- その結果起こった感覚を楽しむ
- それが楽しければ何度も繰り返す
- 繰り返す中で、物の特徴や物への働きかけとその結果の関係などの理解を深めていく

物に働きかけたら何か面白いことが起こる。そのような行為を遊びとして楽しみながら繰り返す中で、子どもは原因と結果の関係や目的と手段の関係のような認知の力を高めていきます。そして、それはコミュニケーションやことばの発達を支える土台になります。

2）象徴機能 ── イメージを想い描き表現する

物に働きかけ、その結果として起こることを見たり聞いたりする経験をたくさん積んでいくうちに、子どもは実際にやってみなくとも頭の中だけで物事を操ることができるようになります。表象（イメージ）の誕生です。このような力は1歳代前半のうちに芽生え、2歳頃まではっきり現れ育っていきます。この時期によくみられる**ふり遊び**はイメージの芽生えを示す重要な特徴です。これは**象徴遊び**とも呼ばれます。

ふり遊びとは現実の文脈から離れ、フィクション（虚構）の中で現実を表現するような遊びのことで、物事をイメージする力に支えられています。例えば、積木をクルマに見立てて走らせるふりをするような遊びはその例です。積木はクルマそのものではありません。しかし、そのときに子どもは積木にクルマのイメージを重ね合わせています。積木によってクルマを意味し表現しているのです。

このようにあるものによって、別の何かを表現するような心の働きのことを**象徴機能**といいます。象徴機能はことばの発達を支える最も重要な認知的土台の一つです。先の例の場合、積木によって自動車を表現していますので、積木が〈意味するもの〉で自動車が〈意味されるもの〉です。〈意味するもの〉は最初のうちは〈意味されるもの〉によく似た物が選ばれます。そして、だんだん似ていなくても意味するものとみなすことができるようになります。例えば、最初はクルマごっこをするためにはリアルなミニカーが必要ですが、そのうちに見た目がクルマに似ていない積木などでも代理できるようになります。〈意味されるもの〉に見かけが似ていなくても意味することができるようになっていくのが象徴機能の発達の方向です。さらには「くるま」ということばになると実物のクルマに感覚的には全く似たところがありません。ことばは音の連なりであり目に見えるものですらありません。しかし、子どもは「くるま」という語によってクルマを意味し表現することができることを理解し使用できるようになります（図6-2）。

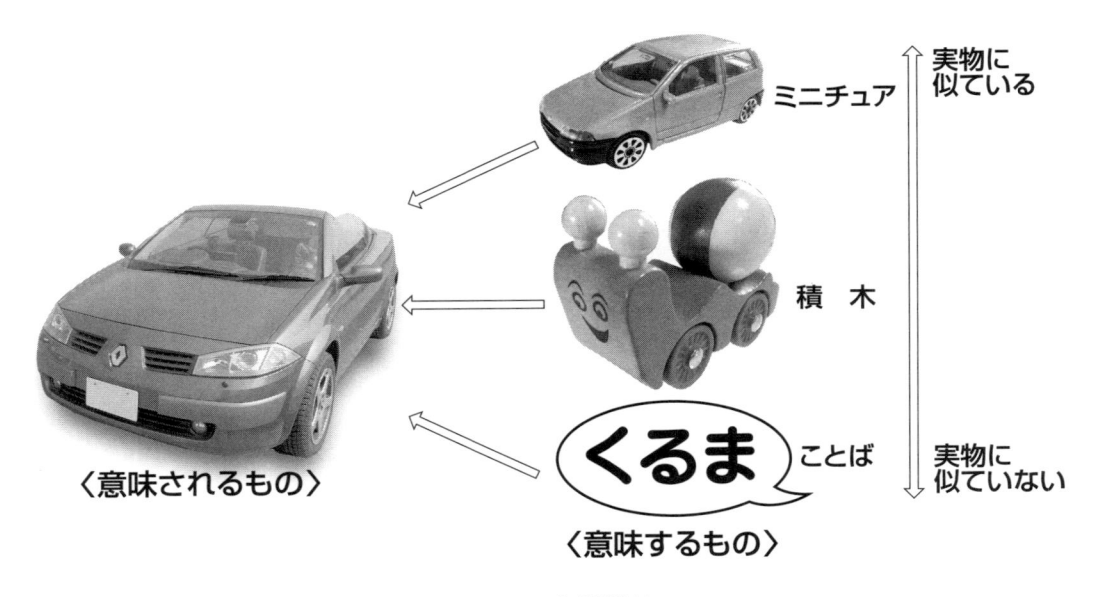

図6-2　象徴機能

　ふり遊び（象徴遊び）は芽生えたばかりの象徴機能の働きが典型的に現れた活動です。この遊びは1歳頃から現れ、1歳半頃までによくみられるようになり2歳頃までにさまざまな形で拡がっていき3歳頃までにかなり複雑になっていきます。ふり遊びを捉える三つの視点からその発達の過程について説明します。

第6章　子どもの発達と遊び

・**脱中心化：自分中心の遊びから相手に向けられた遊びへ**

　最初は空のコップで飲むふりをするような、自分に向けられた遊びをします。次に、人形にコップで飲ませるふりをするような相手に向けられた遊びがみられるようになります。そして、相手に向けられた遊びも、人形にコップで飲ませるような人形を受け手とした遊びから、人形を歩かせたり人形の手にコップを持たせて飲む動作をさせたりするような人形を行為の主体とする遊びに移行していきます。

自分に向けられた遊び（食べるふりをする）：自己対象

⇩

人形を相手にした遊び（人形に食べさせるふりをする）：受動的他者

⇩

人形を主体にした遊び（人形が食べるふりをする）：能動的他者

　このような人形を相手にしての遊びは、コミュニケーションの力にもかかわっていると考えられています。そのときに人形は心のない物体として扱われているのでなく、心をもつ存在である"人"に見立てられ、フィクションの中でイメージされた人と擬似的なコミュニケーションがなされているからです。やがて現実世界での人と行なうことになるコミュニケーションのためのリハーサルを想像の世界でしているともいえるでしょう。

・**脱文脈化：物に頼った遊びからイメージによる遊びへ**

　最初は具体的な状況や物に遊びが大きく依存していますが、その度合いが次第に低くなっていきます。初めのうちはミニカーなど実物に見かけが似たおもちゃでないとふりができませんが、だんだん形が似ていなくとも見立てられるようになります。例えば、立方体の

積み木をクルマに見立てて走らせるふりができるようになります。やがて、物がなくても身振りだけでもふりができるようになっていきます。この段階になると、子どもたちはマスクやベルトがなくとも仮面ライダーになりきってごっこ遊びができるようになるでしょう。
　物に頼らずイメージをふくらませて遊べることは、ことばの力に大きくかかわっています。ことばの意味をなすものは目の前の感覚を離れたイメージの世界だからです。

実物によく似た模型を使ったふり遊び
⇩
実物に似たところのない積木などを使った見立て遊び
⇩
物を使わないごっこ遊び

・統合化：単純でワンパターンな遊びから複雑でプランのある遊びへ
　一つのパターンだけからなる遊びから、いくつかのパターンを組み合わせて遊びを展開できるようになります。コップで飲むふりだけをしていたのが、コップに飲み物を注いでから飲むという二つの動作の組み合わせに変わり、さらにその後に「いただきます」をしてから飲むふりをするといった方向への発展です。もっと進歩すると、「ジュース」と言ってからコップに注いで飲むふりをするなど、これからすることをことばで予告してからそのふりをしたりするようになります。これは、あらかじめプランを描いてからふりを展開していくような計画性のある遊びです。
　このような統合化の軸のふり遊びの発達は表現の幅を拡げることに関係します。単語をつなげて文を組み立てることや、文をつなげて文章を作ることは、要素を連続的に組み合わせて複雑な構造をもった表現をする力にかかわっており、ふり遊びの中にも同型の構造をみることができます。

一つの動作を繰り返す遊び（飲むふりをする）
⇩
動作を組み合わせた遊び（コップに注いでから飲むふりをする）
⇩
計画性のあるふり遊び（「ジュース」などとこれからすることを言ってから、コップで飲むふりをする）

ふり遊びは子どもが生活の中で体験したことを想像の中で再体験し、それを自分の中に取り込み自分のものにしていくことに役立ちます。ことばの意味はイメージによって現実を再現する力によって支えられていますので、ふり遊びはことばの獲得の基本になる力に大きくかかわっているといえます。

（3）コミュニケーションの発達
1）情動の調律 —— 気持ちのチューニング

子どものコミュニケーションのあり方にもさまざまな形や段階があります。生まれたばかりの赤ちゃんのコミュニケーションはお母さんからの歩み寄りによって支えられています。赤ちゃんは泣いたり微笑んだりして自分の気持ちを表現します。しかし、それは何かを誰かに伝えようと意識してそうしているわけではありません。お母さんは赤ちゃんの様子を見て、泣いたりむずかったりなど不快そうなときには、それをなだめたり、不快さの原因になっているものを探して、それを取り除いたりします。また、微笑んだりリラックスした様子で快適そうなときには、あやしたり誘いかけたりなど、快の状態を維持しそれをさらに盛り上げるような働きかけをします。

そのような赤ちゃんの感情の状態を感じ取り、それを心地よく落ち着いた状態に保とうとしてなされる大人の行為を**情動調律**といいます。これは楽器などのチューニングに例えることができるでしょう。気持ちのトーンを感じ取って、それを最適の状態に合わせるわけです。そこに大人と子どもとの感情的なつながりが生まれ、子どもがコミュニケーションに向かう欲求を生み出すもとになります。だれかとコミュニケーションしたいという動機は、相手が自分に応えてくれ快適な状態を提供してくれるという経験の積み重ねの中で生まれ強化されていきます。

2）意図的コミュニケーション —— 相手を意識して伝えること

赤ちゃんが最初にするコミュニケーションには、相手に伝えようという明確な意図はなく、大人が赤ちゃんの意を汲むことによって成り立ちます。そして相手に伝えようという意図をもってなされるコミュニケーションに変化していきます。

赤ちゃんの泣いたり微笑んだりといったふるまいや表情、声などから大人は子どもの気持ちを読み取り、子どもの求めているものに応じた働きかけをします。例えば「この子が泣いてるのはお腹がすいてるからかな？」などと子どもの様子を見て子どもの気持ちを考えます。そして、ミルクを与えたら泣き止んだとすれば、それは大人の解釈が正

しかったことを示しています。大人の気遣いによって子どもの欲求は満たされ、結果としてコミュニケーションが成立しています。これは相手に依存したコミュニケーションといえます。このような相手に依存するコミュニケーションの発達段階は**聞き手効果段階**などと呼ばれています。

そして、相手を意識した意図的なコミュニケーションが生後9〜10ヵ月頃から始まります。このような発達段階は**意図的伝達段階**などと呼ばれています。この頃に子どもは視線や指さしや身振りなどの手段を使って相手に向けて自分の意思を伝えるようになります。そして、ことばで表現できるようになるのはその少し後です。ことばで表現できる段階は**命題伝達段階**などと呼ばれます。つまり、ことばでのコミュニケーションができるようになる前に、まず意図的な伝達ができるようになる段階があり、発達的にはそれがとても大事なのです。

子どもの行動が意図的なコミュニケーションであるかどうかは、次のようなことをしているかどうかによってある程度判断できます。

第6章　子どもの発達と遊び

・物と相手を交互に見る

　手の届かない所にある物を取って欲しいことを、身振りなどで相手に伝える際に、自分が伝えたいことを相手がわかってくれているかどうかを確かめるため、相手と物とに交互に視線を向けたりします。これは相手を意識して伝えていることを示しています。

・相手の反応をみて伝え方を変える

　相手が自分の思うように応じてくれなかった場合、もう一度伝えることを試みたり、前より大げさにやってみて伝えたいことを強調したり、別な方法で伝えようとしたりします。これは相手に伝わったかどうかを確かめていることを示しています。

・伝えるための決まったやり方がある

　手のひらを相手に向けて差し出すなど、決まった方法で表現できるようになります。これは伝えるための手段を意識できていて、その手段を使うことで相手に伝わることがわかっていることを示しています。

　子どもは、大人とかかわっていく中で、自分の行為が相手に影響を与え、相手を動かすことができ、それによって自分が望んだ結果を得ることができることに気づきます。その気づきを促すことが初期のコミュニケーションの発達にとって重要なポイントとなります。

3）共同注意 ── 話題を分かち合うこと

　意図的コミュニケーションの発達の前提となるのは**共同注意**と呼ばれる心の働きです。共同注意とは相手が何に注意を向けているかが分かり、相手が注意している物に自分の注意を合わせたり、自分が注意している物に相手の注意を向けさせたりすることをいいます。指さしに応じることや指さしして伝えることなどは共同注意の働きによります。

　共同注意は他の人と話題を共有することを意味します。そして共同注意の働きによって〈子ども─物（話題）─大人（相手）〉の三者の関係が成立します。このように話題となる物を媒介として相手とかかわるコミュニケーションのあり方を**三項関係**といいます。

　共同注意の力は生後9ヵ月頃から1歳半頃までの間に急速に発達します。共同注意の力が芽生えるとそれを追って象徴機能が育ち、ことばが育つ土台が準備されます。ことばの獲得にとって共同注意の力はとても大切です。子どもは大人と注意の焦点を合わせ

る中でことばを習得するからです。例えば、大人が子どもに物の名前を教える場面を考えてみましょう。大人は次のようなことをします。

【パターン１】（子どもの注意を物に向ける）
①子どもの名前を呼ぶ（○○ちゃん）
②子どもが振り向いたら物を指さす（あれ見て）
③子どもがその物を見たらその名前を言う（〜だよ）

このときに、子どもは大人が注目させようとしている物に自分の注意の焦点を合わせなければなりません。そして大人が注目させようとしている物に対してことばが発せられていることを理解する必要があります。また、次のように、子どもの注意の焦点に大人の方が合わせる場合もあります。

【パターン２】（子どもの注意に大人が合わせる）
①子どもがある物を見ている
②大人がその物の名前を言う（〜だね）

そのように、大人と子どもの注意の焦点が合った場面でことばの学習がなされます。最近の研究によると、【パターン１】の子どもの注意を引いてことばを教える方法よりも【パターン２】の子どもの注意に沿ってことばを教える方法のほうが学習効果は高いようです。

3 コミュニケーションとことばの学び

（1）大人からの手助けと学び

1）発達の最近接領域 —— 一歩先をいくモデルから学ぶ

　ことばの力は子どもの育ちの中で自然に身につくものですが、子どもは自分一人だけでその力を身につけているわけではありません。ことばは人とのかかわりの中で学習されます。子どもは大人や自分よりも能力の高い人からの援助に支えられて、ことばの力を獲得し高めていきます。人の社会で生きるために必要な知識や技能を子どもは大人とともに、大人に助けられながら身につけているのです。

　子どもの発達には、自分一人でできること、人からの助けがあればできること、人からの助けがあってもできないこと、といったさまざまなレベルがあります。自力では難しくとも、大人からのほど好い手助けがあれば達成できるようなレベルの課題は、子どもの力を伸ばすために最適の目標になります。自分がすでにできることを教わっても学びにはつながりませんし、難しすぎて理解できないことを教わってももちろん身につきません。子どもが自分一人でできることよりも一歩先の、大人が少しの手助けをすればできるような発達のゾーンを「**発達の最近接領域**」といいます。

　子どもが新たな力を身につけるときには、すでにそれが十分にできている人から学びます。ことばをペラペラ話している大人や年長者に助けられてことばは学ばれます。そして次の段階では人の手助けがあってできていたことを自分一人でもできるようになり、やがて自力で楽にできるようになります。さらに次の段階になると、今よりももっと難しいことに取り組むため再び人の手助けを得ます。そのようなサイクルを繰り返し、子どもは学習を深めていきます。

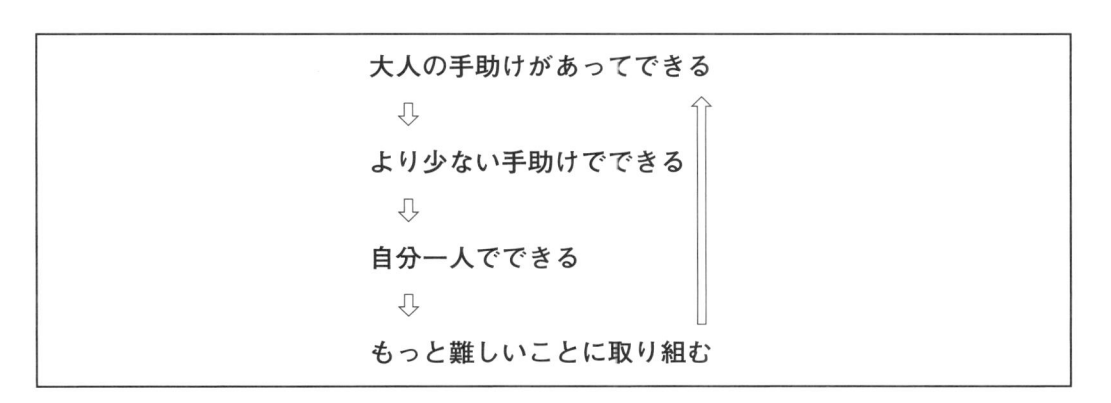

```
大人の手助けがあってできる
      ⇩
より少ない手助けでできる
      ⇩
自分一人でできる
      ⇩
もっと難しいことに取り組む
```
（上向きの矢印で循環）

2）足場づくり ── 大人からのほど好い手助け

　子どもがそれまでできなかったことを新たに学ぶときに、大人は子どもが自分でそれをできるようになるための手助けを、発達の最近接領域において行ないます。そのような、子どもが自分一人でできることよりも、少しだけ難しいレベルの課題を達成できるよう手助けすることを**足場づくり（スキャッフォールディング）**といいます。そして、子どもが自分一人でできるようになるよう足場を少しずつはずしていきます。

　足場づくりにあたっては、子どもの目標と現時点での力との間のギャップを知り、どのような援助があれば目標となることができるかの実態の把握が必要です。子どもが自力でできない場合、単にできないという判断をするのでなく、どういうふうにできないか、どういう手助けがあればできるようになるのかをよく把握することが大切です。

　例えば、何か欲しいときに「ちょうだい」を言えない子がいたとします。「ちょうだい」が言えないだけでなく、ちょうだいの身振りもできません。それだけでなく、ちょうだいの動作をまねすることもできません。しかし、手を取ってちょうだいの形を作ってあげると、それができました。このときにその子に必要な手助けは、手を取って形を作ってあげることです。次のときに、その子はやはり自分一人ではちょうだいの身振りができませんでしたが、大人がやって見せるとそれを見ながらちょうだいができました。このときの手助けはちょうだいの身振りのお手本です。さらに次のときには、自分一人ではまだできませんでしたが、大人が「どうするんだっけ？」と聞くとちょうだいができました。このときの手助けはことばでの促しです。そして、ついに次のときには自分一人でちょうだいの身振りができるようになりました。そのように、最初は手助けが必要ですが、だんだん少ない手助けでもできるようになり、ついには自分一人でできるようになっていきます。身振りでちょうだいができるようになりましたので、次のチャレンジはことばで「ちょうだい」を言うことです。そしてまた同じサイクルを繰り返し、できるようになっていきます。

　子どもにとって手助けがあればできることは何かということと、どのような手助けがあればできるかということをよく知ったうえで、必要な手助けをしながら子どもの学びを助けることが足場づくりです。子どもは大人からの適切な手助けがあれば失敗を恐れず新しいスキルの獲得にチャレンジすることができます。そして遊び場面はそのためのよい練習の場になります。

　遊びの中で子どもは現実場面の一歩先を行くことができます。子どもはやがて実生活ですることを、大人を見習ったり大人に教えてもらったりしながら、まず遊びの中でチ

ャレンジします。遊びは必要に迫られて行なう行為ではないので、遊びの中でなら失敗したとしてもさほど痛手もなく自信を失うこともありません。リラックスした雰囲気の中で何度でも自分の力を試し高めることができます。遊びはやがて現実場面でうまくやるための格好のリハーサルの場になるのです。

3）マザリーズ──子どもにわかりやすいことばがけ

　子どもは大人を手本にしてことばを学びます。では、大人は子どもにどのように話しかけているのでしょうか。お母さんは子どもに対して、大人同士で話すのと同じようには話しかけません。子どもの目線に降りて、子どもがわかりやすく乗ってきやすいように話しかけます。このような子どもに対してお母さんがかける特徴あることばは、マザリーズ（母親語）と呼ばれます（註：最近では「チャイルド・ダイレクティッド・スピーチ」と呼ぶこともあります）。マザリーズには次のような特徴があります。

- 短い文でゆっくり明瞭に話す
- 見えている物や目の前で起こった出来事について話す
- 「ワンワン」「ブーブー」など擬音語をよく使う
- 声のトーンが高く抑揚がはっきりしている
- 文末で声の高さを上げる
- 子どもが言ったことをそのまままねして言う

　このような特徴はお母さんだけのものではなく、大人は一般的に子どもにそのように話しかけます。大人は子どもに対し、無意識のうちにことばを学びやすくするための足場を作っているといえます。子どもがことばを理解しやすく応答しやすくなるような、そして子どもが大人の話していることに興味を引けるような話しかけ方をしているのです。

　このように子どもに話しかけることで、大人は子どもがことばを学ぶための足場づくりをしています。大人は赤ちゃんや小さな子どもに対し、子どもが受け取りやすく興味を引き、応答しやすい話しかけ方を自然のうちにしているのです。1章で解説したミラーリング（17ページ）やパラレルトーク（20ページ）などのテクニックはすべてマザリーズにみられるもので、それを意識的に活用したものといえます。

(2) 大人とともに遊んで学ぶコミュニケーションとことば

1) フォーマット――パターンが繰り返される遊び

　赤ちゃんや小さな子どもは、イナイイナイバーのような単純なパターンが繰り返される遊びが好きです。イナイイナイバーは〈顔を隠す―顔を見せる〉というパターンから成っていて、子どもは大人が次に顔を見せることを予期し大人の方を見ながら待ちます。

　大人と子どもとの相互のやりとりがパターン化されたものを**フォーマット**と呼びます。同じパターンが繰り返されるのがフォーマットの特徴です。子どもは繰り返しを好みます。そして、繰り返されることによって子どもは見通しをもつことができます。子どもは次に何が起こるか予測できるため安心して遊べるのです。

　コミュニケーションは相互のやりとりです。伝え手と受け手が相互に役割交替をします。話した人は次には聞き手になり、話を聞いていた人は次には話し手になります。そのような順番交替などいくつかのルールがコミュニケーションにはありますが、やりとり遊びの中にはそのようなコミュニケーションの基本形があり、コミュニケーションのルールを学ぶ機会になります。

　赤ちゃんがお母さんからことばを学ぶときにもフォーマットが使われます。「共同注意」（151ページ）のところでも例にあげましたが、お母さんがある物を指さして赤ちゃんの注意を引く→赤ちゃんがそれを見る→お母さんがその名前を言う、というようなことばを教えるときによく使われるやりとりのパターンなどもフォーマットです。

156

2) スクリプト ── 筋書きのある遊び

　スクリプトとは習慣的に繰り返される一連の行為や出来事についての表象や知識のことをいいます。簡単にいえば社会の中で展開されるさまざまな活動についての筋書きです。子どもは日常生活や遊びを通して、たくさんのスクリプトを習得していきます。例えば、おやつの時間には、テーブルにいすをセットし、お菓子やジュースを人数分テーブルに配り、配り終わったら座って席につき、「いただきます」をして食べる、といったことなどです。

　スクリプトをもっていると、いま何をしているのか、これから何をしたらよいのか、その後はどうなるのか、などについてのはっきりした見通しをもつことができますので安心して活動に参加できます。相手とのやりとりにおいても、その場面のスクリプトが共有されていれば、相手がこれからどう出てくるか、それはどのような意図でなされたものかが理解できますので、不安なく応じることができます。スクリプトは毎日の生活の中でコミュニケーションをスムースにするために役立ちます。

　そして、スクリプトの獲得は子どもが社会の中で生活するために必要なコミュニケーションやことばの力を高めます。何をしているか、それはどのような意味がある活動なのかがわかっていると参加しやすくなります。また、そこで与えられたことばの意味が理解しやすくなります。スクリプトはことばに意味を与える文脈を提供し、新たなことばを学ぶための足場になります。意味のある定型的な活動を繰り返すことを通して子どもは社会的なルールやマナーやスキルなどを学んでいきます。

ごっこ遊びの中ではスクリプトがよく使われます。子どものごっこ遊びに大人が加わり一緒に遊ぶ中でモデルを示すことで、子どもがスクリプトを獲得したり拡げたりすることを援助できます。
　具体例を一つあげましょう。3歳半の女の子と大人との遊び場面です。ミニチュアの冷蔵庫のおもちゃを使って遊んでいます。冷蔵庫の中にはジュース、ソーダ、フルーツ、アイスクリーム、氷、コップなどのミニチュアが入っています。最初は一人でジュースや氷などをコップに入れて飲むふりをしていました。そこに大人がやって来ました。すると「どうぞ」とコップを差し出してくれました。大人はそこから遊びに加わりました。大人はお店屋さんごっこにもっていこうと考え、客のふりをしました。次にあげるのは同じ日に何度も繰り返された遊びの一部です。

【1回目】
大　人：ピンポーン。こんにちは。
子ども：こんにちは。
大　人：ジュースをください。
子ども：はーい（コップにジュースを入れるふりをする）。
大　人：（出してくれたジュースを飲むふりをし）あーおいしかった。おいくらですか？
子ども：（ちょっと考えて）2000円。
大　人：まあ、高いのね（とお金渡すふりをする）。
子ども：（お金をもらい、レジに入れるふりをする）
大　人：ごちそうさま。さようなら。
子ども：さようなら。

【2回目】
大　人：クリームソーダできますか？
子ども：（考え込む）
大　人：アイスクリームあったよね？
子ども：あ！（とソーダを入れるふりをした後に、アイスを入れるふりをする）
大　人：（飲んだふりをして）あーおいしかった。おいくらですか？
子ども：（ちょっと考えて）200円。

【3回目】
大　人：何がありますか？
子ども：フルーツもありますよ。
大　人：ジュースにフルーツを入れてください。
子ども：（フルーツを入れたり氷を入れたりした後、混ぜるふりをする）

【4回目】
子ども：交替して（自分がお客になりたいという意味）。
大　人：いいよ。
子ども：ピンポーン。
大　人：はーい。いらっしゃいませ。
子ども：ソーダください。フルーツも乗せてね。
大　人：（フルーツを入れたソーダを出すふりをする）どうぞ。
子ども：（飲んだふりをし）あーおいしい。いくうですか？
大　人：500円です。
子ども：（お金を渡すふりをする）さようなら。
大　人：さようなら。

　子どもは最初、ただジュースをコップに入れるふりのような単純な遊びだけをしていましたが、大人がそこに入ることで展開のある遊びに発展していきました。1回目は大人がお客として、子どもに注文したり質問したりすることで遊びをリードしています。子どもはそれに答えています。2回目には大人は子どもに少し考えさせる場面を作っています。そして材料を組み合わせれば、他の飲み物ができることに子どもは気づきました。また1回目で「高い」と言われたことを憶えていたのか、今度は安い価格設定にしています。このように1回目に比べ、自分なりに工夫している様子がみられます。3回目には既成の品物だけでなくジュースを作るために使える材料をお客に提案しています。また、ジュースにフルーツや氷をただ入れるだけでなく、混ぜるふりをしています。決まったパターンの動作をするだけでなく、ふりに変化やニュアンスを加えています。4回目になると、大人と役割を交替したいと言い出し、それまでに大人がしていたふりを自分で再現しました。
　このように、大人が相手をするごっこ遊びは子どもが楽しみながらスクリプトを獲得し、ことばの使い方を学ぶ良い機会になります。

子どもは大人がすることに憧れをもっており、自分も同じようにしたいと考えます。ごっこ遊びの中での大人の問いかけや促しやモデルを足場として、子どもはコミュニケーションのルールやお互いの役割について学び、もっていたスクリプトの中にそれを組み込み、スクリプトを豊かにしていきます。そして、スクリプトはルールのある遊びにつながっていきます。

【参考文献】

◇Bates, E.（1979）The Emergence of Symbols: Cognition and Communication in Infancy. Academic Press.
◇ベイトソン，G　佐藤良明訳（2000）精神の生態学．新思索社．
◇ブルーナー，J.S.　寺田晃・本郷一夫訳（1988）乳幼児の話しことば．新曜社．
◇チクセントミハイ，M．　今村浩明訳（1996）フロー体験 喜びの現象学．世界思想社．
◇藤野博（2001）言語発達障害児における象徴遊びと言語理解との関係について．音声言語医学, 42(2), 129-136.
◇藤野博（2002）健常幼児における象徴遊びの発達－象徴遊びテストによる調査－．音声言語医学, 43(1), 21-29.
◇Gottfried, A. W., & Brown, C. C.（1985）Play Interactions: The Contribution of Play Materials and Parental Involvement to Children's Development. Lexington Books.
◇秦野悦子編（2001）ことばの発達入門．大修館書店．
◇岩立志津夫・小椋たみ子編著（2002）言語発達とその支援．ミネルヴァ書房．
◇小林春美・佐々木正人編（1997）子どもたちの言語獲得．大修館書店．
◇McCune-Nicolich, L.（1981）Toward symbolic functioning: structure of early pretend games and potential parallels with language. Child Development, 52, 785-797.
◇Moore, C., & Dunham, P. J.　大神英裕監訳（1999）ジョイント・アテンション．ナカニシヤ出版．
◇長崎勤・宮崎真・佐竹真次・関戸英紀編著（1998）スクリプトによるコミュニケーション指導．川島書店．
◇Nelson, K.（Ed.）（1985）Event Knowledge. Lawrence Erlbaum Associates.
◇Nicolich, L. M.（1977）Beyond sensorimotor intelligence:assessment of symbolic maturity through analysis of pretend play．Merrill-Palmer Quarterly, 23, 89-99.
◇太田一貴・林琦慧（2000）遊びの発達と評価．INREAL研究, 10, 83-100.
◇ピアジェ，J．　谷村覚訳（1983）知能の誕生．ミネルヴァ書房．
◇ピアジェ，J．　大伴茂訳（1988a）模倣の心理学．黎明書房．
◇ピアジェ，J．　大伴茂訳（1988b）遊びの心理学．黎明書房．
◇ピアジェ，J．　大伴茂訳（1988c）表象の心理学．黎明書房．
◇須田治・別府哲編著（2002）社会・情動発達とその支援．ミネルヴァ書房．
◇高橋たまき・中沢和子・森上史朗編（1996）遊びの発達学 基礎編・展開編．培風館．
◇トマセロ，M．　大堀壽夫他訳（2006）心とことばの起源を探る 文化と認知．勁草書房．
◇ヴィゴツキー，L. S. 他　神谷栄司訳（1989）ごっこ遊びの世界－虚構場面の創造と乳幼児の発達－．法政出版．
◇ヴィゴツキー，L. S．　柴田義松訳（2001）思考と言語 新訳版．新読書社．
◇ウェルナー，H．・カプラン，B．　柿崎祐一監訳（1974）シンボルの形成．ミネルヴァ書房．

あとがき

　この本の著者のうちのお二人である太田先生と林先生とは「遊びの発達研究会」をずっと一緒にやってきた仲間です。編者が東京に来て最初に知り合った言語臨床家の先生方であり、そして子どもの象徴遊びの発達に関心をもっているということですぐに意気投合しました。編者もですが太田先生たちも象徴遊びや初期コミュニケーション発達について勉強されてきて、それに基づく臨床実践をされていたからです。太田先生と林先生は言語聴覚士として小金井おもちゃライブラリーなどの施設で「インリアル・アプローチ」の考えに立った発達の臨床をなさっています。

　奥田先生は新進気鋭の応用行動分析学者です。発達心理学会・発達障害分科会の夏季研修合宿で知り合いました。ビデオで見せていただいた奥田先生の臨床はまさに"ライブ"というべきもので、奥田先生とのかけあいの中で自閉症の子どもたちに気づきと学びが生まれる臨場感にあふれた、たいへんインパクトのあるものでした。遊びの中での発達支援をコンセプトとするこの本の企画段階で、執筆者を選ぶ際に真っ先に候補として頭に浮かんだのが奥田先生でした。

　藤本先生は「ノードフ・ロビンズ音楽療法」という学派の即興演奏による音楽療法の第一人者で、子どもから高齢者まで幅広い臨床活動をなさっています。東京学芸大学大学院に在籍し、編者の研究室で研究をされたこともあるので身近な先生です。藤本先生の演奏に自閉症の子どもたちが耳を傾け、思わず自分も音を出したくなって楽器に向かい、先生との間に音で遊ぶ喜びに満ちたコミュニケーションが生まれる臨床にはいつもプロフェッショナルを感じ「いい仕事してますねぇ」と呟いてしまいます。

　この本の美味しい部分は、この4人の先生方が書かれた章で、編者による最初と最後の章は、言ってみれば品物の能書きなどが書かれた包装紙のようなものです。箱を開けて中身を食べてみたくなるような魅力的な包装紙になっていればよいのですが。

　最後にこの本が世に出るにあたって心からの感謝を捧げたい方がお二人いらっしゃいます。本書の企画当時、学苑社の出版アドバイザーをなさっていた三田地真実さんと編集者の杉本哲也さんです。三田地さんはこの本の仕掛け人で、出版の企画を編者にもってきて

くださり、その後もさまざまな相談にのってくださいました。三田地さんは太田先生と林先生の学生時代からのお友達でもあり、いずれも飯高京子先生の門下生です。太田先生とは遊び研究会で勉強してきたことを何か形にしたいね、という話はずっとしていたのですが、それを具体的な形で実現するファシリテーターになってくれたのが三田地さんでした。太田先生と林先生の優れた臨床実践を出版物にして紹介したいとずっと思っていらっしゃったそうです。そして当初の出版計画から遅れに遅れ、たいへんなご心配とご迷惑をおかけしましたが、この本が少しずつ育ち著者の手を離れるのを焦らせず急かせずじっくり待ってくださった杉本さんの臨床的ともいうべき編集力なくして、本書は実現できなかったでしょう。杉本さん、本当にありがとうございました！

　　　　　　　　　　　　　　　　　　　　　　　　　　　　　　　　藤野　博

■著者紹介

藤野　博（ふじの　ひろし）【編集・1章・6章】
東北大学大学院教育学研究科博士前期課程修了。博士（教育学）。現在、東京学芸大学教育学部教授。専門はコミュニケーション障害学、臨床発達心理学。主な著書：『自閉症スペクトラム　SSTスタートブック』（編著、学苑社）、『発達障害の子の立ち直り力「レジリエンス」を育てる本』（監修、講談社）、『発達障害のある子の社会性とコミュニケーションの支援』（編著、金子書房）、『基礎からわかる言語障害児教育』（分担執筆、学苑社）など。

奥田　健次（おくだ　けんじ）【4章】
兵庫教育大学大学院学校教育研究科修士課程修了。学校教育学修士。現在、行動コーチングアカデミー学校長、桜花学園大学大学院客員教授など。専門は発達臨床心理学、応用行動分析学、行動療法。主な著書：『拝啓、アスペルガー先生―私の支援記録より』（単著、飛鳥新社）、『メリットの法則―行動分析学・実践編』（単著、集英社）、『叱りゼロで「自分からやる子」に育てる本』（単著、大和書房）、『自閉症児のための明るい療育相談室―親と教師のための楽しいABA講座』（共著、学苑社）など。

藤本　禮子（ふじもと　ひろこ）【5章】
国立音楽大学器楽科（ピアノ）卒業。東京学芸大学大学院教育学研究科修士課程修了。教育学修士。桐朋学園大学・昭和音楽大学・創造学園大学などを経て現在「ＮＰＯ法人音楽療法の会武蔵野」を主催。専門は、児童・成人・高齢者の音楽療法。主な著書：『高齢者の音楽療法　楽器演奏のすすめ』（単著、春秋社）、『音楽療法を知る―その理論と技法』（共著、杏林書院）、『看護と福祉領域のための音楽療法ハンドブック』（共著、星雲社）。

太田　一貴（おおた　かずき）【3章】
東京学芸大学特殊教育特別専攻科修了。現在、NPO法人木馬の会理事長。同法人が運営する小金井おもちゃライブラリー＆こども相談室を拠点に、言語発達臨床に従事。主な著書・訳書：『シリーズ言語臨床事例集第2巻　言語発達遅滞（1）』（分担執筆、学苑社）『幼児期の自閉症―発達と診断および指導法』（分担翻訳、学苑社）。

林　琦慧（りん　きすい）【2章】
東京学芸大学大学院教育学研究科修士課程修了。教育学修士。現在、小平市あおぞら福祉センター、小平市あすの子園、府中市子ども発達支援センターあゆの子などで、言語発達臨床に従事。主な著書：『シリーズ言語臨床事例集第2巻　言語発達遅滞（1）』（分担執筆、学苑社）。

障がいのある子との遊び
サポートブック

©2008

2008年 4 月25日　初版第 1 刷発行
2017年11月20日　初版第 7 刷発行

編著者　藤野　博
著　者　奥田健次
　　　　藤本禮子
　　　　太田一貴
　　　　林　琦慧
発行者　杉本哲也
発行所　株式会社学苑社
　　　　東京都千代田区富士見2－10－2
　　　　電　話　03(3263)3817
　　　　ＦＡＸ　03(3263)2410
　　　　振　替　00100-7-177379
印　刷　株式会社シナノパブリッシングプレス
製　本　株式会社難波製本

検印省略　　　　　　乱丁・落丁はお取り替えいたします。
　　　　　　　　　　定価はカバーに表示してあります。

ISBN 978-4-7614-0712-4

自閉症スペクトラム SSTスタートブック
▼チームで進める社会性とコミュニケーションの支援

藤野博 編著　伴光明・森脇愛子 著●B5判／本体2000円+税

指導場面の作り方から指導内容の組み立て方までをセットにしたSST初心者にとって最適な1冊。

自閉症児のための明るい療育相談室
▼親と教師のための楽しいABA講座

奥田健次・小林重雄 著●A5判／本体2500円+税

行動の原理に基づいた教育方法をQ&A方式で紹介。具体的な技法や理論・経験によって裏打ちされたアイデアが満載。

いじめられっ子の流儀
▼知恵を使ったいじめっ子への対処法

ケイト・コーエン・ポージー 著　奥田健次 監訳　冬崎友理 訳
●四六判／本体1600円+税

知恵と機転でいじめっ子をひねり返す技を伝授。さまざまなテクニックを駆使し、意地悪の連鎖を断ち切る。

プログラム学習で学ぶ行動分析学ワークブック

吉野智富美・吉野俊彦 著●B5判／本体2500円+税

エクササイズやドリル形式のプログラム学習を盛り込み、学習の定着具合を確認しながら行動分析学を学ぶことができる。

14歳からの発達障害サバイバルブック
▼発達障害者&支援者として伝えたいこと

難波寿和 著　高橋稚加江 イラスト●A5判／本体1800円+税

当事者であり臨床発達心理士でもある著者が、7カテゴリー・74項目について、イラストを交えながら、一問一答形式で解説。

自閉症スペクトラムのある子どもの人間関係形成プログラム
▼6つの領域から支援する
▼自分らしく生きていくために

渡部匡隆・岡村章司 編著　PDDプロジェクト 著●B5判／本体2000円+税

自己決定力やアイデンティティの形成の基礎となる人間関係力を身につけるためのプログラム。

自閉症教育基本用語事典

小林重雄 監修　伊藤健次・野呂文行・熊谷恵子・園山繁樹・平雅夫・宮本信也 編●四六判／本体3400円+税

最前線の現場で活躍する実践家による困った時にすぐに役立つハンディな事典。235項目を収録。

発達障がいABAファーストブック
▼家族の体験記から学ぶ

行動・教育コンサルティング[BEC] 編　上村裕章・吉野智富美 著●A5判／本体1800円+税

体験記と連動したABAの解説とサポートツールは、問題解決の糸口に結びつく手段を得ることができる。

自閉症児のためのことばの教室 新発語プログラム①
▼無発語から発語までの31ステップ

石井聖 著●B5判／本体2000円+税

誰一人として排除しないという理念の下に療育を行なってきた実践の中で磨き抜かれたプログラム。

自閉症児のためのことばの教室 新発語プログラム②
▼発語してから会話・概念獲得への32〜60ステップ

石井聖・羽生裕子 著●B5判／本体2200円+税

ことばが話せるようになってからの学習課題について、会話が成立するまでをスモールステップ化しプロセスをまとめた。

〒102-0071 東京都千代田区富士見2-10-2 飯田橋グラン・ブルーム5F　**学苑社**　TEL 03-3263-3817（代）FAX 03-3263-2410
http://www.gakuensha.co.jp/

障害児の発達臨床 I
感覚と運動の高次化からみた子ども理解
宇佐川浩 著●A5判／本体2800円＋税

つまずいている発達要因間の絡みやその発達プロセス、感覚と運動の高次化発達水準について解説。

障害児の発達臨床 II
感覚と運動の高次化による発達臨床の実際
宇佐川浩 著●A5判／本体2800円＋税

自閉症・軽度発達障害児に対する感覚と運動の高次化アプローチからみた支援と臨床論、教材教具論などを包括的に検討。

実践家（教師・保育者・支援者）へのメッセージ
発達支援実践講座 ▶支援ハウツーの編み出し方
木村順 著●四六判／本体1500円＋税

ハウツー本には書かれていない指導法を編み出す視点が解説されている。実践力アップまちがいなしの白熱講座！

発達支援実践塾 ▶開けばわかる発達方程式
発達障害臨床研究会 著●A5判／本体1500円＋税
木村順・川上康則・加来慎也・植竹安彦 編著

基礎編、解説編、実践編に分け、「感覚と運動の高次化理論」と「感覚統合理論」の視点から、子どもの発達支援を解説。

誰でも使える教材ボックス ▶教材共有ネットワークを活かした発達支援
奈良県立奈良養護学校 編
高橋浩・藤川良純・西端律子・太田和志・鴨谷真知子 著●B5判／本体2200円＋税

教材をデータベース化した運動サイト「教材共有ネットワーク」の活用方法をも含め、「作りやすくて使いやすい」教材を紹介！

《発達のつまずき》から読み解く支援アプローチ
川上康則 著●A5判／本体1500円＋税

27の具体的な子どもたちの姿を取り上げ、つまずきのサインの読み解き方と、指導や支援の具体的な方向性を示す。

子どもに優しくなれる感覚統合 ▶子どもの見方・発達の捉え方
石井孝弘 著●A5判／本体2000円＋税

感覚統合について身近な事柄・事例に置き換えながらわかりやすく解説。子どもの笑顔を増えすための工夫が学べる。

ことばの発達の遅れのある子のための 言語指導プログラム111 ▶サインを逃さず、タイミングよく話しかける技術
長澤正樹 著●A5判／本体2000円＋税

発達段階に合わせた111の具体的な日常場面から、無理なくできる話しかけ方・働きかけの仕方・環境の工夫を紹介。

クイズで学ぶ ことばの教室 基本の「キ」
高川康 著●四六判／本体1800円＋税

ことばの教室を初めて担当した先生が、クイズを通して研修できるように構成。理解を促すための動画や教材なども紹介。

ABA スクールシャドー入門 ▶特別に支援が必要な子どもたちを園や学校でサポートする 親・セラピストそして先生のために
山本淳一 監修　吉野智富美 著●A5判／本体2400円＋税

ABAの理論と方法を用いながら、スクールシャドーを効果的に実施するためのノウハウをまとめた実践的な1冊。

ペアレント・メンター活動ハンドブック ▶親と地域でつながる支援
井上雅彦・吉川徹・加藤香 編著
日本ペアレント・メンター研究会 著●B5判／本体1600円＋税

〒102-0071 東京都千代田区富士見 2-10-2 飯田橋グラン・ブルーム 5F　**学苑社**　TEL 03-3263-3817（代）FAX 03-3263-2410
http://www.gakuensha.co.jp/

シリーズ きこえとことばの発達と支援

特別支援教育における 構音障害のある子どもの理解と支援
加藤正子・竹下圭子・大伴潔 編著 ●B5判／本体3500円＋税
構音の状態と発達に合わせた指導目標の立て方から指導の原則・ポイントまで、正しい構音に導くためのアプローチを紹介。

特別支援教育における 読み書きに困難がある子どもの理解と支援 言語・コミュニケーション・読み書きに困難がある子どもの理解と支援
大伴潔・大井学 編著 ●B5判／本体3000円＋税
ことばの発達に遅れのある子どもや自閉症スペクトラムの子ども、読み書きに難しさのある子どもへの評価から支援を解説。

特別支援教育における 吃音・流暢性障害のある子どもの理解と支援
小林宏明・川合紀宗 編著 ●B5判／本体3500円＋税
最新の知見を織り交ぜながら、包括的に吃音を評価、指導・支援する方法について具体的に詳述する。

LCSA 学齢版 言語・コミュニケーション発達スケール
大伴潔・林安紀子・橋本創一・池田一成・菅野敦 編著
●B5判変型 ［施行マニュアルと課題図版のセット］／本体5000円＋税
小学校第1学年から第4学年の児童対象。サマリーシート作成用ソフトや記録用紙が学苑社サイトからダウンロード可能。

LCスケール 増補版 言語・コミュニケーション発達スケール
大伴潔・林安紀子・橋本創一・池田一成・菅野敦 著
●B5判変型 ［解説と絵図版のセット］／本体4800円＋税
0〜6歳の乳幼児対象。報告書サンプルや記録用紙が学苑社サイトからダウンロード可能。

学齢期吃音の指導・支援 改訂第2版
▼ICFに基づいたアセスメントプログラム
小林宏明 著 ●B5判／本体3600円＋税
多くの現場の教師や言語聴覚士に活用されているプログラムの改訂版。プログラムはより簡素化され、資料なども大幅加筆。

吃音のある学齢児のためのワークブック
▼態度と感情への支援
L・スコット編 K・A・クメラ／N・リアドン著 中村勝則／坂田善政訳 長澤泰子 監訳 ●B5判／本体2500円＋税
吃音に対する態度と感情の実態把握と支援の方法を、指導にすぐに使える教材と豊富な指導事例と共に、わかりやすく解説。

子どもの吃音 ママ応援BOOK
菊池良和 著 はやしみこ イラスト ●四六判／本体1300円＋税
吃音の誤解と正しい情報を知れば、子どもの接し方がわかり、子どももママも笑顔が増えること間違いなし。

るいちゃんのけっこんしき 〈絵本〉
きだにやすのり 作 木谷アンケン 絵 ●B5判／本体1600円＋税
「どもってもつたえたいの」どもっていたってちゃんと伝わるわよ。吃音のある女の子の実話をもとにした、勇気と友情の絵本。

なっちゃんの声 〈絵本〉
はやしみこ ぶんとえ 金原洋治 医学解説 かんもくネット 監修 ●B5判／本体1600円＋税
▼学校で話せない子どもたちの理解のために
「どうしていつもしゃべらないの？」子どもたちの疑問にやさしく答える絵本。場面緘黙を理解するための医学解説も収録。

そらをとびたかったペンギン 〈絵本〉
申ももこ 作 shizu 協力 はやしみこ 絵 佐藤恵子 解説 星山麻木先生推薦 ●B5判／本体1600円＋税
▼だれもが安心して存在できる社会へ

〒102-0071 東京都千代田区富士見2-10-2 飯田橋グラン・ブルーム5F **学苑社** TEL 03-3263-3817（代） FAX 03-3263-2410
http://www.gakuensha.co.jp/